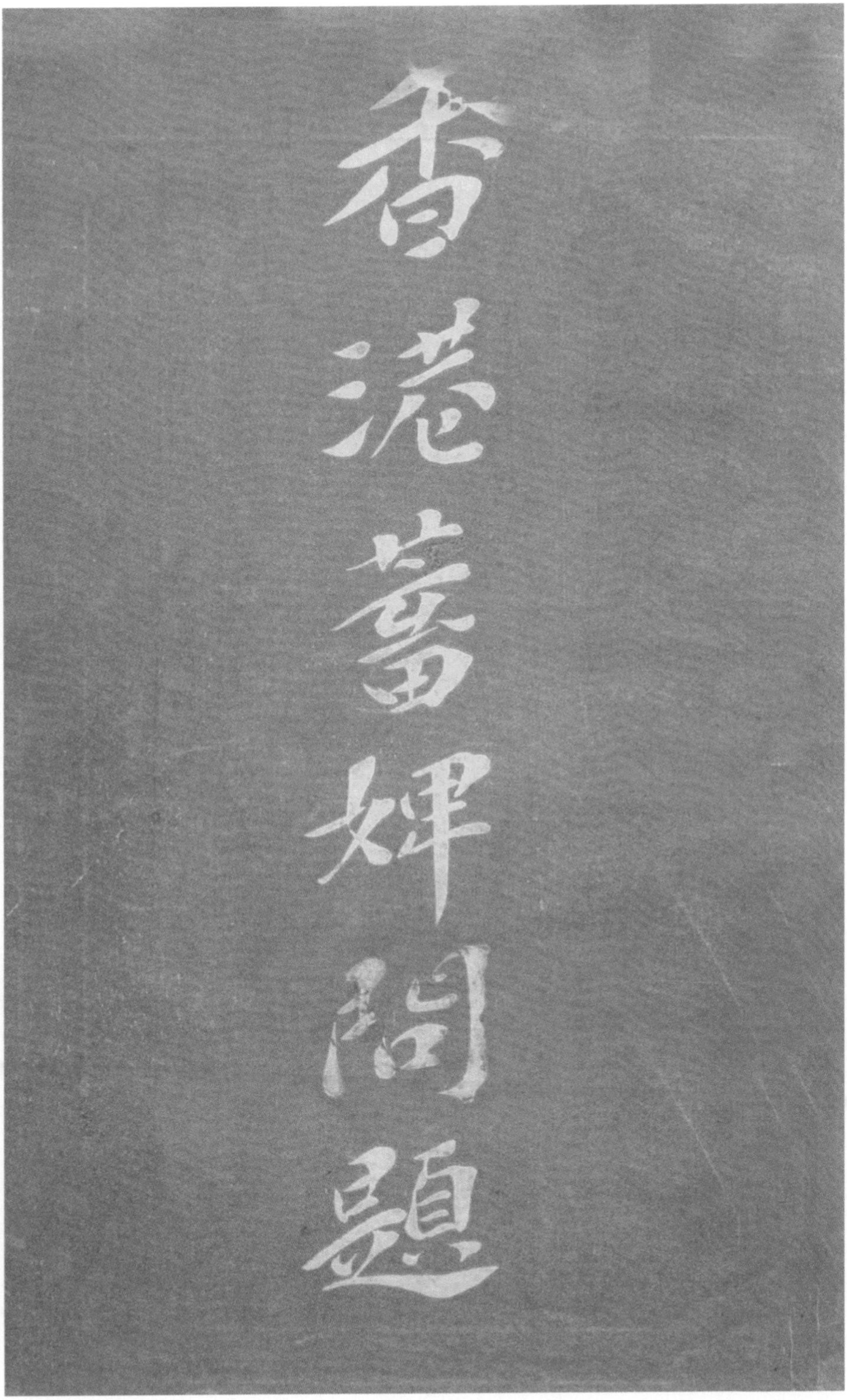
香港蓄婢問題

國民商業儲蓄銀行廣告

本書正誤表

▲請 閱者先改後讀

第幾頁	上下	第幾行	原文	誤印
敘言一		十	竟徧傳	亦徧傳
目錄一	上	七	辨誤	辦誤
		八	同上	同上
	下	一	防範	防節
		十	干治牧師	狀師
三	上	四	迷惑	迷感
		十	英國下議院	重出
四	上	十八	藉此	漏此字
	下	四	遠禁若何	倒置
五	上	九	隸父母	多一父字
			或被	成被
七	下	八	穿襪	穿儀
		十二	為可	鳥可
八	上	十八	賣女者	女者
	下	十二	自願的	漏的字
九	上	十六	外埠者	埠者
十	上	十四	立言	章言
		十六	是否二者	漏者字
	下	五	不問婢	不間
十一	上	一	而劉子	漏子字
		二	以字上	多子字
		六	顛倒	顛倒
		十一	偶見	其
	下	八	常件	事件
		九	議事	議于
		十五	此種	比種
			是引起	漏引字
十二	上	四	各抒	各舒
		六	蓄道德	有道之
十三	上	一	者乎	者也
		七	背義理否	背見漏否
		十	不得已	不得不
	下	四	其間	其閤
十四	上	十二	所謂	所謂
		十九	遜弟	遜第
	下	二	國君	君國
		十四	管束	管東
十五	上	十三	反當	反皆
	下	九	鄙人拜	鄙，拜

香港蓄婢問題正誤表

一

香港蓄婢問題正誤表

十六	上	十六	陋習	倒置
		廿二	斷章	聯章
十八	下	廿一	不平子	下平
十九	上	七	資數	倒置
	下	十七	即能之	漏即
		十八	同上	同上
二十	下	九	又如是	漏如字
廿一	上	二	亦末	亦未
	下	二	不可謂爲	漏謂字
廿二	上	七	辯護	辭護
廿三	上	八	賣藥	賣藥
		十八	始可介	漏介
	下	十四	見反對	漏反
		廿二	回主家	回婢家
廿四	上	一	傭値與	傭値之
廿五	上	八	以爲不是	漏不
	下	一	孰若嚮之	孰著
廿八	下	廿一	各當	男當
廿九	上	四	研究	研立
三十	下	四	一幟	者幟
三一	下	四	正之	止之
三二	下	五	調劑	調濟

二

		十	勞動	勞動
三三	上	十八	桑傭妾	傭妻
			富人妾	人妾
	下	八	先我詰駁	又我
		十六	英廷	庭
三四	上	十二	增其患	增共
	下	二	高樓	商樓
		三	謂共	謂共
		七	叩其頭	揭其頭
		十三	既忍分離	晚忍
		十五	既不應	晚不應
		廿一	設法阻	設活
三五	上	一	押與車	押與車
		五	欲望若輩	得輩
		六	得其同意	後其同意
		七	達到目的	連到
		九	胡伯恒	明伯恒
		十三	溺女	溺奴
		十九	不假思索	假恩
三六	上	二	加入	加八
		十二	可爲加惠	何爲
		十三	食貧	養貧

		十六	盡賣所有	盡賣
		十九	齊其末	齋其
		二十	還一生	遄一生
		廿一	或藉此	藉以
	下	三	道之本	道之本
		五	齊其末	齋其
三七	上	七	評論之	評論
		十三	必須推及	多一類字
三八	上	十五	烏乎可	嗚乎
	下	十二	果否訴合	訴合
三九	下	四	反間我	反間我
		七	誠可異	誠可
		十九	公然主張	公爲主張
			所許可	所許可
四十	上	十五	若改造	著改造
	下	一	笋怒發	怒發
			霞蔚	震蔚
四一	上	十一	棄其職業	漏職字
			職業時間	多一服字
	下	五	事業于全	漏一業字
		十	脫穎而出	破穎
		十九	麻木不仁	不亡

香港蓄婢問題正誤表

四二	上	十五	謂其不應	多一字
		十六	鄙夷	評夷
		十七	徒知掩飾	提飾
		廿二	生成則己	而己
	下	十	盡厥天職	大職
		十四	彼用何等	彼其何等
			用何種	甲何種
		十六	蓄而虐	蓄虐而
		十七	無庸他人	無虐他人
四三	上	六	未必爾爾	夫彼
		八	知其非義	主義
			斯速巳耳	斯即己知
		十	竟唾棄	睡棄
		十二	對待	倒置
		十三	誰言公理	合言
		十四	破除成見	漏成字
		十七	吾故曰	漏曰字
	下	七	透澈	透澈
			秦鏡	陳鏡
			高懸	漏懸字
		二十	居多數	少數
四四	下	五	謹爲答復	獨爲答復

香港蓄婢問題正誤表

頁	上下	行	誤	正
四五	下	十九	非有澈底	澈底
		三	猶恐不聽	聽誤聽
四六	下	五	表同情者	多一之字
		六	懷疑者	多一之字
		十八	固無以異	因無以異
四七	上	一	引起高明	引起聰明
		二	以拗反對	以其
		三	茲不佞	前不佞
四八	上	一	不贊成	不贊成
		七	辨析毫微	辨析
		十六	商榷	揚榷
四九	上	八	今日猶有	漏有字
		十四	改進辦法	辦法
		十九	誠哉是言	誠哉
		二十	即反對	則反對
	下	二	又無怪	漏無字
		十	而婢女	則婢女
五十	上	三	又何得	倒置
		十三	婢制之間	漏制字
	下	廿一	答辨也	答辦
五一	上	五	否則	否出
	下	九	自中國	自変國

四

頁	上下	行	誤	正
五二	上	十二	英領土	領土
五三	下	十一	自稱為人	然人
五四	上	五	待遇	待遇
		六	同上	同上
	下	二	而且	所且
五五	上	四	此制	而制
		十二	奉督基教	漏基字
		廿二	惡習消除	惠習消除
五七	上	一	裁判權	裁判
五八	下	二	路透	路透
五九	上	一	定意	定彼
六十	上	二	先夢	先遜
	下	十六	麥氏	麥氏
		十七	同上	同上
		十八	同上	同上
		廿一	同上	同上
六一	上	四	麥氏	麥氏
		八	同上	同上
		十	同上	同上
		廿一	同上	同上
		十七	同上	同上
		二十	同上	同上

香港蓄婢問題正誤表

		廿一	同上	同上
	下	一	同上	同上
		三	大柴毆	大柴摳
		五	目[illegible]	目的
			每月儘	每月准
		十八	劏却心肝	必肝
六二	上	一	嗚呼	倒[illegible]
		七	幸豐紋	幸豐餘
		九	動輒	動轍
		十	嫡兒滋	兒肥
		十三	劈柴	剁柴
			倒痰涕	痰盂
		十六	買糖飴	買東西
		二十	亦極疲	亦被祛
			古今稀	古今微
	下	二	是安危	是邪非
		五	閼遊障	闖透機
		七	潸然灶下	潸然
			念阿彌	呵彌
		八	無日嬉	無日舒
六三	上	一	英廷	英庭
		十五	卷識	卷議
	下	廿二	畧近嫌疑	略近
		十一	霎時有病	露時
		十五	眞正有引	無引
		十九	藺艾同爔	同焙
六四	上	七	揸質古板	揸五
		十一	珠還	球還
	下	五	力來餬	力來糊
		十一	噉嘅	咁嘅
		十五	與及水長	漏及字
六五	下	十八	做工定有	漏工字
六六	下	廿一	明吓世道	朋吓
六七	下	四	買嚟	賣嚟
		十二	存惻隱	惻忍
六八	上	十二	唔敢疏	唔敢蔬
	下	五	狠毒到	狠毋到
		十九	人話虫蟻	蚨蟻
六九	下	七	若還苛待	苛還
		十八	外邦牲畜	牲畜
七十	上	十九	辜負	孤負
	下	十	今日	介日
七一	上	十六	一呼，忙	一呼，者
		十七	洗淨。若	洗淨。比

五

香港蓄婢問題正誤表

		十八	將人比	將人。
		十九	整定，	整定忙
	下	十四	正盲左	盲左
七二	上	四	心亦不忍	上忍
七三	上	二	枉有放生	多一放字
		八	纓冠	攖冠
		十五	假作吹莨	吹葭
	下	五	天理心存	心理
		七	社會不復	上復
		九	通鑒	通氣
		十三	含蓄	含畜
		十六	買奴	買妹
		十七	應由	應田
七四	上	二	畏行多露	謂行
		九	朱子家訓	朱字家訓
	下	五	變者爲	變者。
		六	多婿。勿	多婿。爲
		七	婆心〇	婆心勿
七五	下	一	齊整	齊整
		十四	請列位	証列位
		十七	細心着想	看想
七六	下	二十	將女出賣	出買
			六	
七七	上	十二	豐於各報	漏各字
		廿一	關於養婢	關事養婢
	下	九	即是主人	即男主人
七八	上	一	不用逐層	着層
		十二	託言買	記言買
	下	十二	有以婢	有究婢
七九	上	十五	父母有錢	父母勸其
		十六	常勸其	常有錢
		二十	保存名譽	佢存名譽
	下	三	或往別處	往列處
		六	亦沾潤	亦沾潤
八十	上	十八	侍奉父兄	奉侍女兄
八一	上	一	合而爲一	爲一
		五	多數未養	朱養
	下	三	樂市大人	漏人字
八二	上	八	如不買	如果買
	下	四	今日華人	告人
八三	下	十四	蓋有相因	漏因字
八四	上	六	關認此	多一無字
		七	中國之有	下多日字
		八	與無耶	多一例字
			本港日	本港例

香港蓄婢問題正誤表

八五	上	九	足俾中國	足卑中國
		十九	買婢女	多一賣字
八六	上	十一	禁絕買賣	禁絕賽賣
		十七	担任贍養	贍養
		十八	耶穌	耶救
	下	十	何主	伍主
八七	下	十四	局辦理	屆辦理
九十	上	十八	八號之上漏一九廿一年八月	
			教會中人	多育字
		二十	公推	公攞
		廿一	籌辦成立	籌辦
九一	上	八	十五號之上漏八月二字	
	下	二十	提記	揵記
			安德臣	晏德臣
九二	上	十三	開臨時	多一會字
	下	二	婢會	倒置
		三	星期二之上漏八月十九號	
		十四	必須有力	漏有字
		二十	留心此事	留必此事
九三	上	二	廷令	庭令
		四	以故	五故
		十	公正報章	公正報覺
		十五	婢作工	任工
九四	上	十二	昇記	昇街
		十三	八歲買	入歲買
		十六	實屬不然	實屬不言
九五	下	十	此反對	此友對
九六	上	廿二	或職員	或閉員
	下	十四	陽歷之上漏一九二三年	
九七	下	廿二	港中政府	漏政字
九八	上	一	會社商量	漏社字
		十三	茂林宣佈	漏宣字
	下	八	無，爲命	蕪，爲命
		十七	大抵由	所抵由
九九	上	二	以爲無禁	漏無字
	下	十四	然則吾國	爲則吾國
一百	上	七	替代傭工	漏工字
			一勞永逸	一勢永逸
		十二	今閱電信	今別電信
一〇一	下	十五	提出討論	漏論字
		十六	惟因	惟四
		廿一	昨二月十	漏二月兩字
一〇二	上	十二	及蓄婢者	漏婢字
一〇三	上	六	按粵語	披粵話

七

香港蓄婢問題正誤表

一〇五下	十五	鍾醫生	鐘醫生
	十六	証否	証告
一〇六上	廿一	而成寡婦	寡婦
一〇八上	四	講話	講語
	十八	試問能有	漏試字
下	六	並將從前	茲將
	十	問謂反對	問讀反對
一〇九上	二	會議於太	會謂於大
	三	平戲院後	會堂後
下	十九	異一說	異一員
百十一上	十一	餓斃	虐斃
	十八	幸得我	幷得我
百十二上	廿一	患水災	患求災
下	六	尙曉啼哭	啼單
百十三上	二	演說詞另錄	誤多十三字
百十四上	三	若慾有碍	吾慾有碍
	五	一家團聚	漏家字
	七	作陪嫁	作倍嫁
	十二	他說在港	四字誤加多
	二	書刊	倒置
百十五上	十一	姑行傳控	姑行
	十八	拆白黨	折白

八

下	五	昭然若揭	若揭
	八	二萬萬	多十餘兩字
百十六上	十一	禮拜六之下	漏1923一月十三號
	十五	旋由中文	多一畧字
下	四	蓄婢會	多善法本三字
百十七上	六	中百數十	多一个會字
	十	於二讀會	於工讀會
	十二	將政府	婦政府
	二十	未審在座	本審在座
百十八下	一	畢會是時	多於字
	二	宣佈員	宣佈雖
	五	受僱於人	受僱
	十三	則謂工人	財惟工人
	十六	種種苦況	苦窮
		形容畢肖	漏容字
百十九上	一	新例草案	草案

香港蓄婢問題目錄

香港蓄婢問題目錄

第五紀事及文件

第六餘錄

附錄

敘言

天下最慘無人道者。。莫如蓄婢制。。而天下最極無人格者。。莫如奴婢身。。故文明之國。。必禁買賣奴婢。。所以重人道而崇人格也。。我國之有婢制。。由來已久。。雖主張優待奴婢之說者。。代有其人。。實行寬待奴婢之法者。。嘗聞其事。。惟提倡放婢者。。自基督教傳入以來。。無論信教與否。。均有鄙夷蓄婢之事。。視爲不合人道矣。。足見惻隱之心。。人皆有之。。道德之進化。。於斯益有徵矣。。及去歲七月三十號。。在太平戲院開全港居民大叙會。。研究華人蓄婢問題。。一時主張虐婢維持者有之。。極力反對蓄婢者有之。。而維持會與反對會。。遂同時並峙於香江。。雙方言論。。亦徧傳於五洲。。亦後世歷史上一大紀念事也。然使當日人人趨附維持之說。則本港與羊城禁婢之令。不知下於何日矣。幸而人心醒悟。趨重人道人格。贊助反對蓄婢者。紛紛入會。演說反對蓄婢者。各會社備極歡迎。而反對蓄婢會於以成立。而省港政府禁婢令於以執行。而維持反對兩會於是有融洽以籌善後之希望。此誠中華國民放婢之大紀念也。本會同人僉議留此紀念品於後世。特將本會徵求蓄婢論說歌謠。及報載新聞言論。集成一册。顏曰(香江蓄婢問題)。所以垂紀念也。編者以余為反對蓄婢一分子。於付印時。命為之敘。因書此以應。不敢以不文辭也。

一九二二年九月一號　麥梅生

◉輿論第一

反對蓄婢

區德周

嗚呼。毒霧漫天。狂濤捲地。上下四千年。日處於顛沛流離之域。黑暗迷惑之場。其惟我中華之婢女乎。前清末葉。曾下放奴令矣。而對于婦女漠然也。國體共和。人類平等。而對於婢女淑然也。悲乎痛哉。四徒之刑罰。惟婢女受之。狗彘之飲食。惟婢女甘之。娼妓之汚辱。惟婢女安之。等性命於螻蟻。充賤役如馬牛。婢乎婢乎。民之無告孰甚於斯乎。而忽也霹靂一聲。如晴天旱雷。思舉我國數千年婢制。霹而去之者。厥有英國下議院。英京下議院。提議質問我華人蓄婢問題五條。雖對於我華人蓄婢情形。不實不盡。然路遠言略。風殊俗別。其間不無傳聞異詞。斥議過當者。要不得指為詬病。絕對否認。使一線曙光。為凝霧浮雲。重疊障翳也。夫國家秕政。我不能知者。他人為我言之。我不能去者。他人為我謀之。將所謂大禹拜昌言。子路人告以過則喜者。質問華人蓄婢問題發現。凡我華人。當如何懽忻鼓舞。乘此時機實行解放婢女。由香港而內地。而全國。林肯之偉業。不是過也。而奈何二三富紳。强奸民意。遂令以並無其事。答覆英廷。使良政美舉。如泡影。如電光。倏爾銷滅。不有反對蓄婢會。以繩其後哀彼婢女。不亦萬劫不復哉。

夫理不辯則不明。道不研則不精。彼留存婢制諸公。蓋總疑問詰難。亦自謂合法理。順人情。非詳細討論反覆指導。無以杜其口而服其心。鄙人之為此文。亦冀為一般保持婢制者。作萬杵曉鐘。警覺其靈魂而已。

彼苛虐婢女者。下極刑絕人道。為人類所不齒。為天理所不容。縱稽國法。難漏冥誅。吾不屑教誨焉。獨惜寬待婢女者。尚以為吾崇尊人道。周郵貧民。足為留存婢制之保障。而不知此二十世紀。實無婢制存在之餘地也。請為諸公申言之。

一道德問題。（甲）養成驕縱。蓄婢之家。多中人產。起居服食。概弗躬親。頤指氣使。成為習慣。而其兒女亦目染耳濡。動輒需人。驕縱遂為天性矣。（乙）養成淫穢 鋪床疊被。奉匜沃盥。婢女之職也。由近生褻。由褻生淫。而通房丫頭。房下侍妾。遂為富家之常嗜品。其甚者。父子聚麀。僕婢和奸。報章喧傳。社會騰笑焉。

一利權問題 蓄婢之具權利思想者。可分兩種。（甲）雇任僕婦。工價日昂。若婢女則百十身價。可役使十餘年。長成遣嫁。又可得回本息。（乙）以槽豬花手段。廣賺幼女。飲之食之。教之誨之。賸於富家。可獲厚利。斯二者亦計之得也。然近者自由心理日張。誘奸手腕日緻

香港蓄婢問題

。而婢女中其毒者。較常人爲尤易。故誘拐私逃之案。層見疊出。其強悍者。且投訴警局。自請擇配。是不惟無利可圖。行將無本可歸也。

一法律問題　民國法律禁止買賣人口。即爲禁止蓄婢之見端。而狡猾者易其名爲育女。冀與法律不相背觸。不知私逃弋獲。取贖轇轕公庭法律。無勝利之可言。則何如僱用僮僕。簡捷了當乎。

一時勢問題　比來女權發達。一日千里。自由平等。成口頭禪。而婢女之暴戾睢恣者。非復昔日可任意鞭笞縲辱。放縱之。則私逃之事現於前。嚴束之。則苛虐之罰繩於後。爲主人者。與其伈伈俔俔。低首下心。何如示以大度。豁然解放哉。

循是以觀。爲道德計。爲利權計。爲法律時勢計。婢之不宜蓄。不待智者而知矣。

或曰。港中士紳。對於婢制。一主緩禁。一主速禁。亦殊途而同歸耳。吾則直斥之曰。緩禁者。留存婢制之假面具也。彼明知女子解放風潮。日趨澎湃。婢制之難圖存在。己可想見。不得已藉搪塞。冀殘喘之苟延耳。

或又曰。貧家養女。以其能賣爲人婢耳。否則溺女惡習。將再見於今日。同是人道主義。奈何顧此失彼乎。吾則曰。養育兒女。又另一問題。爲父母者。雖窮無立錐。斷無預養女兒。爲他人作婢之理。實不得已而爲耳。

四

試問白十身價。果足償其養育之費乎。但能提倡女子業。則貧女不憂無噉飯處也。此則鄙人贊成速禁之旨也。

然則速若禁何。曰。除有父母者。概令領回外。餘則成者爲之擇配。幼稚者教以工藝。如斯而已。昔陳六葵女子教養院於廣州。收容婢女。成效卓著。善政中輟。邦人惜之。今宜師仿其意。而多置織布織襪笠衫毛巾各。教以藝事。并資送各大工廠。使之自食其力。是又庸震驚於經費莫酬。而爲賣難之口實也已。

嗟夫物必自腐也。而後蟲生之。彼英京下議院。豈漫無所聞。而好爲多事哉。乃猶有以不承認蓄婢惡習。爲保存華人體面者。猶有以指陳虐婢慘狀。爲增加華人恥者。是何異諱疾忌醫。以膏肓爲樂哉。是所望於反對蓄婢會諸君。爲之婉轉解釋。爲之剴切勸導。去其阻力。促以進行。俾一般婢女。重見天日。實行共和國所謂自由平等者。東方有林肯。舍諸公而誰屬哉。

◉輿論第二

禁婢議

靖康樵公

婢者何。女之卑也。卑之云者。有謙以自卑。如曲禮世婦以下。自稱婢子。是也。有自卑請求。如秦穆夫人曰。晉君朝以入。婢子夕以死。是也。有抵罪者。周禮秩官司厲注。今之為奴婢者。古之罪人。如緹縈上書。願入官婢。以贖父罪。是也。有為女樂者。齊人歸女樂。孔子去魯。桓子喟然歎曰。夫子罪我。以羣婢故。是也。有為境遇所困。緣父父母因貧而賣。成被誘略發賣。不使與人類平等者。此卑而且賤者。是也。而今之為婢者。固非如世婦夫人官婢女樂等。乃女子極不幸而至於此也。吾請先言婢之地位與遭遇。

地位云者。有開身契坐地契之異。開身者。開除本身所有權利。生死任之主人。父母不得相見。轉賣為妓為妾。唯主人之命是從也。坐地者。准其備價收贖。父母到訪給盤費。遣嫁為妻妾。猶通知父母也。而開身契者。大多誘拐略賣。坐地契者。大多父母知情。有被債主迫挾者。有因貧謀活者。有因不落家之陋習。父母恐受歸寧不返之累。賣之則出嫁可免此弊。數年後可復聚也。更有所謂送帖者。書明補回囊醋乳金。以規避買賣人口之禁例。號稱育女。志在欺人。實則槽猪花。作鴉頭。充妾侍。視其所持事業。所抱宗旨而定。如其為鴇母之流。所買之育女。日則命其就讀。夜則教其彈唱。年未破瓜。已搖錢樹。此之謂槽猪花。如其為貪鄙之輩。則以幾十銀圓。而買數齡幼女。聊充侍婢。任意使令。等諸馬牛。急於傭僱。如其性鈍。遣往他家作役。所獲工資。多於買價數倍。年既及長。賣之為妾。亦博厚資。其或性黠姿麗。則視為奇貨可居。供其讀書。使其學唱。高索身價。許為側室。以少數之本。博多數之利。此所謂鴉頭妾侍。任彼操縱。而以人為貨者也。夫陷身於河下。固百刦而不可復返。即投身於偏房。亦兩世而不能平等。蓋所生子女。嫡庶之分既嚴。所領家資。嫡庶之限有定。其地位卑微至是。則自由平權幸福。己剝奪無餘矣。

遭遇云者。有苛待善遇。及尋常看待之不同。而其不得自由則一也。其尋常看待者。不得謂之虐。亦不得謂之優。買之為婢。供其使役。是其主旨。惟衣則舊陋。食則粗糲。寢則席地。役則無時。操作無乖。固意許而顏霽。服役偶舛。即呵責而嚴懲。雖非婆心。亦云公道。然夜眠蚤起。已無休憩之時。任重操勞。亦乏旁貸之望。不得主人歡者。則轉賣他家。偶邀主人喜者。則立為偏室。此固尋常待婢之情形也。而最可憐者。以一人之身。而供數人之役。一人之巧。難合數人之心。或男主善撫女主惡。誰代調停。或家主懦而少主兇。央誰緩頰。雖順承委曲。難中其心。指摘橫加。無從訴苦。時而老主包之爲妾。亦承意而不敢推辭。雖則少主曾強其從姦。猶忍辱而不敢洩漏。更有主人弟姪。視婢可欺。調戲也固敢怒而不敢言。強污之亦欲却而不能拒。人生若此。畜類不如矣。其不幸而遭逢主人苛待。日則侍立主婦身旁。非裝烟則打扇。非搥骨則捧茶。足纏身勞。莫逢體卹。夜則候門不睡。專待主人宵宴歸來。憑几含愁。誰憐婢子困頓。魚更四躍。蝶夢頻驚。天色未明。奴身即起。掃地抹桌。拭窗烹茶。盥洗備餐。固忙箇不了。主人既起。即立牀前。獻茗奉匜。唯恐不謹。主人用餐。即侍檯側。獻酒進饌。每虞不周。此猶供役之常情。亦惟默怨其薄命而已。所最慘者。主人呼喝無常。婢子接應不暇。唯諾稍緩。則呵其稽遲。對答不清。則斥其含混。辛苦既無可訴。刑罰又無可逃。或綁立牀柱前。不能求救。罰跪局盅蓋。難說寬饒。或施籐鞭。不許啜泣。或絕粒食。仍須任勞。更有以爛布塞口。箝熾以烙身。沸水澆背。敲大棍而斷骨。堂高簾遠。外人干涉無由。苛法嚴刑。政府知情甚少。所謂防範虐婢者。實空言無補也。其或賣之於烟花寨中。則百般恐嚇。官前質問。亦須自認甘爲。或嫁之爲老人副室。則一世含冤。父母到來。亦難自由款待。此中虐遇之情形。恐累牘連篇。亦不能描寫其萬一也。間或倖逢善遇者。衣以時裝。食饌甘美。出則輿夫舁之。入則小婢事之。私蓄頗豐。服勞亦少。不可謂非幸事矣。然時屆及笄。只堪充寵室之下陳。不願作窶人之正室。即或遇中資者之垂盼。欲娶之以續鸞膠。亦大都如袁昂所云。婢學夫人。舉止羞澀。終不似眞。吾嘗見一善主人。欲以婢配儒士爲繼室。彼亦嫌鄉村寂寞。不似城市繁華。寧爲老婢。不作夫人。使其未經作婢時。仍屬貧女。得耦士子。必不勝雀躍矣。乃一入富門。即生傲性。甘居低下。不以爲羞。豈非尤可憫乎。由此觀之。女子一經被賣。即墮落其人格。其慘苦景況如此。殊覺可憐。稍知人道主義者。可不出而提倡禁革乎。吾試言蓄婢宜禁之理由七。

(一)援引舊例之宜禁　夷攷清代之律。略賣子孫爲奴婢者。杖八十。徒二年。和賣者減一等。未賣者較已賣者減一等。按子孫而曰略賣者。是子孫非甘願也。故罪大。和賣者。已得子孫同意。猶爲有罪。是賣人實犯法律也。再查其例則曰。凡誘拐婦人子女。或典賣。或爲妻妾子孫者。不分良人奴婢。已賣未賣。但誘取者。爲首擬絞監候。爲從杖一百。流三千里。若以藥餅及一切邪術迷拐幼小子女。爲首立絞。爲從者發極邊。足四千里充軍。凡聚衆開窰。(即今薹家)誘取婦人子女。藏匿勸賣事發生。不分良人奴婢。已賣未賣。審係開窰實情。

為首照光棍例。擬斬立決。為從改發雲貴兩廣烟瘴地方充軍。與販婦人子女。轉賣與他人為奴婢者。杖一百。流三千里。此嚴禁賣人之證也。今民國憲法雖未成。仍可援引前例。獨惜祇禁賣人。而不及買人。致滋流弊耳。然不有賣。何有買。則禁買可於言外見之矣。此援引律例之宜禁也。

(二)欲矯風俗之宜禁　我國改元而後。變專制為共和。人民已復回平等地位。而女子為國民之一。烏可私買女子為婢。以剝奪其平等乎。烏可以少數之金錢。而買斷其終身之苦力乎。夫女子為國民之母乃閨門起化之原。女俗良。則社會風俗隨之而改良。女俗薄。則社會風俗隨之而澆薄。固相乘而至。相因而生者。試觀緬甸國俗。男則終日安坐。吸烟飲酒。家務勞苦賤工。委其妻任之。其賤視女子如此。卒至於滅亡。又觀突厥波斯埃及亞喇伯諸國。視女人為供男子娛樂玩弄之具。有力之戶。妻妾盈前。奴婢充室。非洲為販奴總滙之區。絕無人道。人民多娶妻妾。女俗尤澆漓。其輕視女子如此。而其國或敗亡或貧弱。已可為前車之鑒。而環顧歐美文明諸國。優待女子。使得平等自由權利。絕無蓄婢之惡風。其貧乏不能自存者。亦無賣女之陋習。其國之富強也如此。讀女俗通攷一書。則可知其關係於社會風俗也甚大矣。蓋蓄婢之風盛。則納妾之人多。淫慾之念。由此而愈熾。生育之數。由此而益減。壽命緣此而損。耗費緣此而增。國家欲不貧且弱者。安可得乎。此蓄婢之惡習。不可不禁也明矣。

(三)欲培子女之宜禁　自勞働神聖之眞理發明而後。男女皆須操作。不宜過於逸豫也。故為家長者。家庭細務。當子女分任。不可悉委之於傭僕也。乃蓄婢之家。其子女大都以家務為不屑經理。甚而一己之服御。亦盡付之於奴婢。即如著衣穿襪。洗面梳頭之小事。亦呼奴差婢為之。以為不如是不足顯其尊貴。是適足以長其傲耳。微論其不幸而困。固不能謀生於世界。即幸而處亨。亦不能服務於人羣。適成游手好閒之廢民而已。欲栽培子女為有用之國民者。烏可不注意於斯。而亟禁蓄婢乎。

(四)欲福子孫之宜禁　天道好還之理。人所深信。今幸為富家。能保其後長處富貴乎。他人因窮而賣女。能保子孫守貧而不賣女乎。試捫心思之。我願兒女為人婢否。我願子孫之兒女為婢而受虐否。吾敢謂買婢之風不絕。終難保其子孫不為人婢也。苟為兒孫計。當亟為禁革。他日子孫雖窮。其女不至有為婢之慘。是為己適以為人。無異造平等自由之幸福於後裔也。安可不禁。

(五)欲免煩惱之宜禁　世之頭腦單簡者。祇知有婢差遣。為人生之豔福。於是不惜金錢。羅致數輩。為門庭之

香港蓄婢問題

坐色。絕不思婢子生於貧苦之家。其教育固已缺乏。及買入家中。又不施以訓誨。其愚可知。其人既愚。則所作之工。必不能盡如人意。己不免尋瑕而摘隙。而當其指摘錯誤之時。始則發怒。繼則詈罵。終則鞭撲。其馴伏者。猶忍氣吞聲。其頑梗者。必反唇相稽。試問遭此。能無煩惱乎。此自招煩惱者一。設因其強辯而鞭之。彼或相機而竊逃。不免多方搜尋。或懸紅而追訪。豈非煩惱乎。其煩惱二。間或含怨而厭世。懸樑而自盡。人命所關。必須報案。又不免受鞫於法庭矣。其煩惱三。當其鞭撻之際。或受傷而被差弁知覺。訟之公庭。科以相當之罰。或重懲之下。當召鄰里之不平。縱不出而干涉。亦必謗以苛待。是受虐者固懷恨無已時。而施虐者亦[illegible]之不暇。其煩惱四。總而言之。是自尋煩惱也。可不亟為禁革乎。

(八)干犯港例之宜禁　文明各國。久已禁絕買婢。英國為文明國之一。凡所屬之地。俱不准買賣人口。我國人之僑港者。明知嚴禁。而故買女為婢。是為犯法之人。乃又[illegible]政府知情容罰。而令賣女者寫送帖。偽稱養女。是欺騙政府也。既稱養女。而不與所生之女同等待遇。是自欺良心也。其不如意者。則轉賣之為妓為妾。是忍心害理也。人而至於犯法昧良殘忍。尚得謂之人乎。欲不[illegible]犯居留地政府之律法者。安可不亟禁乎。

八

(七)欲顧國體之宜禁　處此大同之世。斷不容有一國之獨異。我國民不欲祖國與列強同等則已。如其欲之。斷不能日倡保留婢制。而可望他人承認我為文明國也。蓋文明國無蓄婢之制度。惟野蠻國則有之耳。然我國因一般蓄婢之習尚。而貽譏為野蠻。是玷辱國家之體面。皆由蓄婢者所累。尚得謂為有國民之資格乎。不有國民之資格。果自居何等地位乎。此不可不禁之也。彼偽言買婢為周人之急。嫁娶獲享福之由者。是欺人之論。又謂貧人亦有賣女為妓為妾者。何止蓄婢之家為然。是飾過之語。皆不屑與之深辨矣。然禁婢亦普通人所贊同。禁之之法。當如何進行乎。試言其法有三。(一)自願釋之。蓄婢之家。苟洞悉大義。視為不合人道。而甘願釋之。宜即邀集二三人。當前焚券。召其父母親屬。備價收贖。如不收贖。儕諸傭役。給以工錢。其不能服務者。則養之至作工時。三數年後。作身價抵贖之價值。即恢復其自由身。許予工資。或認真作為己女。與所生者享同等待遇。為其擇配。不作偏房。此自願的之辦法也。(二)干涉的。組合全港贊成禁婢者。無分男女。皆得聯名上書港政府及英京政府。請願嚴禁買婢。其未買者禁絕之。己買者取締之。使一律注冊。不准轉賣。祇准釋放。其詭稱育女者。不許作皮肉生涯。混充歌妓。及嫁之年。亦須報冊。使成正式婚姻。其幼年買入者。限期解放。及既滿限。待以傭工。月給工值。此干涉的之辦法也。(三)善後的。政府既實行干涉主義。則養婢者知利慾不遂。恐遭嚴格取締。必擇其不馴者。頑梗者。狡猾者。不颺者。幼穉者。交之於官。託詞釋放。則當先由政府指令慈善家。組立收養善院。籌集巨欵為後盾。不馴者教其馴服。頑梗者教其柔順。狡猾者使其改悔。其貌醜者。年幼者。又從而施以工讀。使能作工自養。亦教其讀書習藝。為他日謀生之路。設舉薦之部分。介紹為傭。十年之後。若覺必盡出院。而手續告竣矣。而買婢之陋習。可冀斷絕風清矣。此善後的辦法也。吾敢謂禁婢之後。國民之人格。日臻高尚。國家之名譽。日益增榮。女子之資格。從此而優美。社會之穢濁從此而泯滅。中國文明之程度。將可望其達至最高率。是禁婢之一舉。實無異改造國家社會。改造國民資格。其收效之果。誠無限量。我國同胞。無論居留內地外埠婢。可不及時而為此禁革蓄婢之善事。以謀全國肅清婢制。垂令舉於無窮乎。我同胞其亟起圖之可也。

◉輿論第三

（一）揭明「蓄婢會議之否認原因」

禮賢會王愛棠牧師

七月三十號，議例局華紳，發出通告召集旅港僑民，在太平戲院，商議取締華人養婢之舊習，所定題目有六：

一，養婢是否係養育以為妓女？

二，為婢者是否為奴？

三，為婢者是否供男主人取樂之用，俟男主人厭棄之時，即轉售與他人？

四，養婢之習慣，中國會例禁否？

五，為婢者其主人是否可任意將其難為？

六，其餘關於蓄婢之內容各事。

此各問題，未開議時，先由主席解說甚詳，及後討論，大抵皆以取締蓄婢，為理所應宜；不料主席付表決時，則眾皆否認，即贊助取締蓄婢者，亦同聲否認之，於是主席遂宣告一至五題，全場否認矣。　噫！　全場果否認此五題所言蓄婢之爭實哉，其中蓋有術在也。

一則主席立言之巧也，當二點四十五分開會，主席宣告大旨後，即將一至五題詳細演說，指明各題所言之失宜：如養婢非養為妓；婢與奴不同類；婢非供人取樂

香港蓄婢問題

之用；婢不可任意難爲；逐一解說，連篇累牘，使發此五問者，無可置辯。　至四點正鐘，然後演畢，所費時間，一點零十五分。　居全塲議事時間，幾至二分之一。可知當時主席，已將否決之意，灌注於衆人心目中矣。　查議事章程，主席忌詳論演說，即劉主席自訂之自治須知，亦言主席只須將其事之始末，略令同人明白便了，今乃長篇大論，居全會發言之半，即破壞其手訂之議規而不恤，無他，蓋欲以其個人之意，而左右會塲也。　況主席又言：「港政府，對華人立例之不公；如居處則別其地方；治理則異其官長；又謂華人當自辦己事；不宜與外人干涉」；此種言語，一以起中西之見；一以生偏護之私。於是遂有假設婢女救濟會者，而政府取締蓄奴之舊意，遂於會衆心中，已多數無形打銷矣。此余所以謂主席章言之巧者，此其一也，

二則問題措詞之狡也　上錄華紳發出之問題六條而其中一二三五條，乃將題意之內包縮窄，使除是否二字之外，無可爲答者。　今試將此四題修訂，俾由比較而知其狡計：（請訂正如下）

一，養婢是否有養育以爲妓女？

二；爲婢者是否與奴相類？

三，爲婢者是否有爲男主人取樂之用，俟男主人厭棄之時，即轉售他人？

五，爲婢者其主人是否有任意將其難爲？

倘如此發問，則與事實相稱，吾信會塲中人，必能本其良知，而答之曰是曰否。　如其是也？　則政府欲取締蓄婢之事，當無異辭，今乃不問有養以爲妓女否，而偏問係養以爲妓女否。　不問婢是否與奴相類，而偏問婢是否爲奴。不問爲婢者是否有爲男主人取樂之用，而偏問爲婢者是否供男主人取樂之用。　不問主人是否有任意將其難爲，而偏問主人是否可任意將其難爲。豈蓄婢之事：必養以爲妓，必與奴無殊，必爲供主人之樂，必可任意難爲，而後乃堪取締歟？抑既有以上諸流弊，而亦須取締之歟？稍有仁心者，當亦知所答矣一

或曰：　華商總會所定之議題，乃陽英議員詰問之語，與措詞者何尤。　余曰：否否！　英議員不諳華文，其用意當與余所修訂者爲近，倘其不然，何以孖剌西報及普樂狀師，皆謂此種問題，乃令人不知所措乎？何以孖剌西報及普樂狀師，另擬問題，以賺華人之答覆乎？

此可知英議員必無如是呆笨之問語也！

總之此次會議之一致否認者；非否認取締蓄婢爲不宜也；亦非否認此種流弊爲非實事也；質而言之，實否認一二三五各題中之係字爲奴字供字可字爲不盡確耳。余得而言訂立此種問題者之狡點：一令人疑英議員詰問之語；爲羞辱華人養婢之家。（觀各報論表決第一條時

十

而劉平先生之言可知）一夕聚議者，必居於否認之地，子以此歸咎於港僑身上。在上則傀儡國家之議員；在下則傀儡僑港之黎庶；其用心亦誠狡矣。

今此事已登諸報章，聲明僑民一致否認，如此則保留婢制之過惡，已歸諸僑民擔負。吾未知明達諸公其能甘任此咎否也？噫辯言亂政，舞墨弄文，顛倒是非，混淆黑白，古今蓋比比矣，今余之爲是文，以明揭其私，亦欲使無以吾民爲可盡愚，而知港僑之猶有人也。

▲附王牧師與王者之討論

王者討論王牧師言論平議　予向不閱大光報。昨訪友人偶其案頭檢得八月二號三號二日大光報。因見所登王愛棠牧師來稿。（其標目爲揭明蓄婢會議否認原因）持論對於華人兩代表前日邀集各界會議蓄婢問題一事。多不滿意於主席。鄙人對于社會事務。素無成見，惟以主持公道爲職志。今見所論多屬客氣用事之言。而非出於公道之議。骨梗在喉。不能不吐。用特著詞與王牧師討論之。並以質問明達諸君子。（一）王牧師謂當日全場否認英議員所設一至五各問題。非眾出於眾人之本意。其中蓋有備云云。不知英議員所設之問題。於吾華人之體面習慣大有關係。主席否認此五問題。其持之正確。係吾華人心中所欲吐之言。並非主席一人之私見。苟吾華人胥承認此種問題。則吾華人之蓄婢者均屬以爲姣。爲奴。爲男主之所取樂。如此吾華人尙有人格乎。尙有面目以對世界各國乎。是不待智者而知其不能承認矣。以萬不能承認之問題。而眾人否認之。理之至當也。安得謂爲有備哉。（二）王牧師謂議事章程。主席忌詳論演說。是日主席發言。乃長篇大論。居全會事發言之半。爲破壞議規云云。不知會議法則。隨事而有不同。苟所議之事爲尋常事件。而主席對於其事又無意見表示者。自當照通常議于規則。祇將事之始末說明。以俟眾人公議。今所議之各問題。乃關於吾華人之體面者。其事至爲重大。且英人對於此問題中。多詆毀我華人之意。爲主席者若不將其所抱之意見詳細表出。以與眾人討論。是失主席之職責也。故主席所發言雖極長極多。苟非題外之語。均不得認爲不合議事規程。（一）王牧師謂主席又言港政府對於華人立例不公。如居處則別其地方。此種言是起中西之見云云。不知主席之發此言。係答復孖剌西報所詢不禁蓄婢是分別種類中之一語。並非有意分出中西界限。主席當日在場。已聲明此意。（各報均有登載）今何得指爲惹起中西之見乎。鄙人雖與主席相交甚淺。惟見其平日持論行事。無一不以融和中西之意見。解釋中西之嫌疑爲事。此彰彰在人耳目。非鄙人個人之私言也。今王牧師乃借此一言。而謂主席爲惹起中西之見。吾觸王牧師之為此言。實欲挑撥中西惡感耳。如王牧師之流者。恐不止於此也。至蓄婢應否取締。此問題與吾國數千年之積習與乎人民生計問題大有關係。非一人所能武斷。非空言所能收效。要當各舒所見。以期集公論而收研究之功。不應肆意詆毀。以快個人之私見。王牧師自命為明真理蓄道之人。對於社會事務。自宜推誠研究以不自負其平日之用心今乃持論偏激。惟以客氣盤搏為能事。明真理蓄道德者尚復如是。其不明理無道德者更當何如耶。吾於吾國民之行事。實抱悲觀焉。

三，八，九，華字報

王愛棠牧師答王者君之意見

王君謂一至五題全場否認。乃出於眾人之本意。此言誠然。不獨眾人否認之。即鄙人當時亦否認之。然試思此種議題果為議員所設之問題乎。抑為華商總會所設之問題乎。吾人乃否認英員所設之問題。抑否認華商總會所設之問題乎。是不可以不辨也。如其否認英議員所設之問題。則不應發此狹義之議題。（因與英議員原意不符。請王君參閱劉主席演詞首段。英議員詰問之語。及鄙人二號在大光報訂正之四題比較便知）如其否認華商總會所設之問題。則不應宣言否認英議員之問題。今乃混而一之。竟明告於眾曰。五問題皆不能通過。作為並無其事。應照此答覆英廷。噫。果並無其事哉。果如是。答覆英廷為符合事實哉。事有術在。恐亦非過也。王君又謂所議之各問題。事關重大。故主席詳細演說。不得認為不合。此言是也。蓋所貴乎會議者。在能發表多數人意見而採取之。以成公意者也。（當日何為多數。觀議場紀錄可知）。今主席只將一己之意。詳細講演。灌注於眾人心內。而會眾討論之語。則反置諸腦後。不問附和。不與行選。惟舉自訂之五題付眾表決。有欲修訂句語者不許之。有欲增減字句者不許之。於己意則不厭精詳。於人意則一任抹煞。王君當日在座。試問主席曾有將負面之意見而代為提出否。會有將負面之言論而一詢附和否。如其無之。是以己意壓抑眾意也。如是則謂主席之洋洋大文。只知發表個人意見。與議會規程不合。亦非過甚也。王君又謂鄙人引主席論政府之言。為挑撥中西惡感。此乃架罪於人語氣。鄙人之意。蓋此種言語可起中西之見。非謂主席惹起中西之見。原文具在。可以覆按。烏得以言挑撥。今請以王君本人之言為証。王君質問之文。一則言英議員所設之問題。與吾華人體面大有關係。再則言英人對於此問題多詆毀我華之意。然試問王君之為此言。亦能令議院發生效力乎。豈詆毀之言。亦能使英廷令行本港立例而禁止之乎。如王君心無成見。必不致發生此種論調。可知舉出政府向華人歧視之事。對眾陳述。雖非有意激觸人心。而亦自能興起會人之誤解。則謂為起中西之見。亦有何不宜者也。王君又謂鄙人肆意詆毀。以客氣摶擊為能事。未知王君以何語為據。鄙人謂主席立言之巧則有之。謂問題措詞之狡則有之。然此亦只本春秋責備賢者之義。立論且有事實文義可據。烏得以言詆毀。鄙人對於社會之事。向來不主干涉。惟傷人道背義理者。則亦稍知自愛。不敢依違兩可。今試問保留婢制為傷人道否強姦衆意為背見義理。。昔孟子見夷子曰。不直則道不見。我且直之。鄙人疇昔揭明否認之原因。今又明告王君。夫亦曰。我且直之云爾。再者此又因王君之問。不得不已而答辯。語意之中。多有牽及我華人代表。心殊滋疚。後此不欲多論。免失尊敬之意。惟諸君子及王君諒焉。

三，八，二，華字報

香港蓄婢問題

十三

◉輿論第四

（二）蓄婢問題之辨誤

（不平子）

研究華人蓄婢問題。自前月三十號在太平戲院開會討論。座中人士。互有發揮。其間固多至理名言。而誤者亦復不少。茲據各人誤會之點。為之詳細解釋辨明。是亦研究中應有之義也。

是日楊少泉演說。於養婢是否養育為妓女一節。其誤之點有三。所云初時買為己用。因不遵教訓。輾轉再三。後卒賣之青樓。以吾所聞。不遵教訓之婢。未及年而嫁之者有之。未聞有鬻之青樓者。即有亦萬無一二。是謂因其自己淫蕩失躬。墮落青樓則可。謂因不遵教訓。轉鬻青樓。則殊非事實。所云主人用之有過時候。而不將之遣嫁。則甚易弄成種種弊端。此則不獨婢為然。日女子侈言解放。年紀稍長。父母不為擇配。便要自戀愛。何嘗因為婢而後有弊端哉。今不賣女德。而歸於蓄婢。未免牽合附會。又云蓄婢之陋習一日不取消。拐帶之案不能一日減少。是直以人家所蓄之婢。皆由帶得來。其謬尤甚。試詢買婢之家。有一來歷不明之女子否。苟非親生父母當面妥訂。亦無人敢冒昧承受也至於為婢者是否為奴一節。其誤會之點有二。所云男奴。女為婢。奴婢同是一流。其說非是。奴者斷賣其

香港蓄婢問題

。所生之子女。亦不能脫離奴籍。婢則僅賣數年。期滿之後。仍復自由之身。實與有長期合約之僱傭相類。至謂他日嫁與人為妾。又受大婦專制。依然不能脫身。恢復其自由權。此說亦非。夫為婢者不盡為妾。為妾者不盡為婢。貧家子女。嫁人作第幾房妾侍者比比矣。編氓小戶。買婢為正室者有之。斷絃納妾者有之。又何嘗受大婦之專制。且更寵妾棄妻者。是為妻而反受妾之專制。為此言胡不從對面一想乎。

且彼所提出之意見。亦有差誤。如謂人格問題。在婢本身。既愛主人之虐待。及長嫁人為妾。大婦不良。無伸雪之餘地。丈夫亦不能為左右。既剝削其自由與人格。其所生之子女。亦係不平等。所謂有嫡子庶子之分別。其不平等不公平。孰有過於此者乎。殊不知主人虐待。大婦不良。丈夫闒茸。是小數部分的事。亦有一部分主人優待。大婦無權。丈夫寵妾。與之對待。祇得平均之數耳。不能以一部分概其餘也。至謂嫡庶之分。為不平等。夫嫡庶之分。猶長幼之別。兄之與弟。亦不能平等。如其所言。必將長幼之序剷去方可。是率天下而為不遜第也。中國考試之例。等級最嚴。未聞庶子不能考試。即社會交際。亦未聞賤視庶子也。彼輩有不達之論。謂中國有人格者少。無人格者多。由於無教育無知識之婢女。終身受制於人。一世局促。則所生之子女。亦得其遺傳性。一味奴顏婢膝而已。直以妾所生之子女。皆是無人格的人。君國庶出者。幾占半數。試問各人肯承認此言否。古今來庶出之子。為名臣。為大儒。駢肩累跡。不可悉數。烏得以此無稽之言相誣耶。且為之一反勘。謂庶出者無人格。豈嫡出者皆有人格乎。世間一切卑污苟賤之行。盡是庶出者所為。而無嫡出者乎。若然則國家用人。不必問其他。但問其為嫡出與庶出可已。嫡出者必賢，庶出者必不肖。天下寧有此理乎。

又如六月廿四日所刊育婢問題之討論。謂不可育婢之原因。不在育以為妓。而在剝去人類終身或若干年之自由。則婢女自八歲起。至十八歲止。權操之主人。則謂之不自由。試問人家子女。自少便聽其自由行動。不受父母之管束乎。子女亦須管束。何獨婢女為然哉。以不受管束為自由。無怪近來淫蕩之風日盛也。其論第三問題謂為婢而雖不盡供男主人取樂。然強以取樂。固無不可。所云彈以取樂。則舉天下之女子。皆可以彈姦之。此等言論。已溢出範圍之外矣。

又所謂牧師王某者在大光報所刊揭明蓄婢會議之否認原因一篇。更屬節外生枝。謂衆人否認蓄婢之六問題。為主席立言之巧。措詞之狡。以主席發言時刻太久。議論太詳。已將否決之意。滿注於衆人心目中。付表決時。一衆皆否認此五問題云云。使主席之言不是。雖演說盡日亦不能動人之聽。今一致贊成。是人人心理有同然也。安得以立言太巧譏之哉。若謂發出之問題。其中一二三五各條。乃將題意之內包縮窄。使除是否二字之外。無可爲答者。今試將此四題修訂。由比較而知其狡計。一養婢是否有養育爲妓女。二爲婢是否與奴相類。三爲婢是否有爲男主人取樂之用。五爲婢者其主人是否有任意將其難爲。倘如此發問。必有認成此問題爲是者。殊不知如此發問。是指一部分而言。非指普通言之也。千萬人蓄婢。而有一鬻之爲妓者。即謂養婢便是爲妓。千萬人蓄婢。而有一爲主人取樂者。即謂養婢便爲取樂之用。千萬人蓄婢。而有一將其爲難者。即謂養婢可任意爲難。少數不良之點。連累大部分。是何異因噎而廢食乎。主席所提出之問題。本極空洞。乃反背爲措詞之狡。是以不肯之心待人矣。

以上所言。皆各人對於蓄婢問題有誤會之處。故特爲剖斷其疑義。俾知中國蓄婢之習慣。無取締之必要也。

二一，八，一三，總商會報

◉輿論第五

「蓄婢問題辨誤」之誤辨

楊少泉

夫理不辨不明，鼓不擊不鳴，討論蓄婢問題，亦如是耳。　倘各人能本其良心上之主張，謀人類之進步，斷不肯於廿世紀中，任蓄婢之陋習存在也。　七月三十號，在太平戲院開會，討論此事之時，鄙人亦曾發表意見，以盡港僑個人之責，然不敢謂己盡是而人盡非也，設有人能將鄙說之錯誤指正，使蓄婢問題，有正當之解決，則不獨鄙，拜受其賜，即港中現有之婢女，及未來無量之婢女，亦將共受厚惠也。　不料八月十三號，某報載有不平子討論蓄婢問題之辨誤一篇，滿紙糊言，令人欲嘔，反施施然大書特書以辨人之誤爲辭，自鳴得意。　無怪天石君將其謬說，迎頭痛擊之。　然鄙人尙有不能已於言者，除天石痛斥者不贅外，茲將不平子之言論，加以括弧，分段糾正之，　不平子謂「楊少泉演說：於養婢是否係育以爲妓女一節，其誤會之點有三，所云初時買爲己用；因不遵教訓，輾轉再三，後卒買之於青樓。　以吾所聞，不遵教訓之婢，未及年而嫁之者有之；未聞有鬻之靑樓者，即有亦萬無一二，」

天下事，豈必盡使不平子聞之，然後方得謂之爲有其事，否則即爲無其事，有是理乎？　何謊謬乃爾！

上文既謂「未聞有需之青樓者」而下文多即繼以「即有亦萬無一二」，亦可見不平子對于己之言論。　亦不敢自信，又烏足以辨人之誤哉！

「所云主人用之有過時候，而不將之遣嫁，則其易成種種弊端，此則不獨婢女爲然。　近日女子，侈言解放，年紀稍長，父母不爲擇配，便要自由戀愛，何嘗因爲婢，而後有弊端哉？　今不責女德之隳落，而歸咎於蓄婢，未免牽合附會。」

不平子亦知人類之稟賦，各有不同。　上賢者，不敎而善，中賢者，敎而後善，下賢者，敎而不善之別乎，今不平子既知弊端，關於女德之隳落已；其亦知女德之興，端在敎育乎，其上賢與下賢之資格之婢女，無論矣；其中賢者；亦曾有相當之敎育，以扶植其女德否乎？　今僅以敎而不善，下賢之女子比之，未免擬於不倫矣。

「又云蓄婢之習陋，一日不取銷，則拐帶之案，一日不能減少；是直以人家所蓄之婢，皆由拐帶而來。」

不平子可謂善於誣揑人者已！　鄙論原謂：蓄婢陋習，一日不革除，則拐帶及買賣人口之風，一日不減，更使搖錢者，得以藉口，以育女爲名，而作其慘無人道之醜業，蓋有相因而至者。　今不平子不提上文下理竟敢聯章取義，入人以罪。　謂所蓄之婢，皆由拐帶而來，欲令蓄婢者，同生惡感，其立心可謂險矣！

「至於爲婢者，是否爲奴一節，其誤會之點有二：所云男爲奴，女爲婢，奴婢同是一流，其說非是。　奴者斷賣其身，所生子女，亦不能脫離奴籍；婢則僅賣數年，期滿之後，仍復自由之身，實與有長期合約之僱傭相類。」

不平子亦知奴婢者，乃古罪人之女，從坐而沒入官，以供使役者之謂乎？今以錢而買者，亦稱奴婢，此乃爲從人之濫觴耳，殊於古義不合也。　即照不平子所說，亦自認女子爲婢之時，亦與奴同等，失其自由，所差者、出嫁之後，微有不同耳。　既自認爲婢時代，完全失去自由，則何能擬與有長期合約之僱傭相類。　試問主人，能將有合約之僱傭，如婢女之虐待否？　且夫合約之設，必須雙方允願，而遵守者也。　試問買婢者，亦曾得本人之同意否？　吾知不平子必謂：本人年幼無知，已經由其父母允願，即與本人允願無異。　然則年紀稍大自能答復者，有問其本人否？　吾知其必無也！　如是又焉能謂之爲合約耶？　若謂父母允願，即可作其女之允願，然則爲父母，可以斷喪子女之自由也？　以不平子之眼光觀之，自然視爲平常，不特此也，即使父要子亡亦不得不亡也。　但今時已是民國，無論何人，不依律法，斷不能侵奪他人之自由，二千餘年之陳跡舊習」，己不適用矣。其尤奇者，不平子謂期滿之後，仍復自由之身。吾欲一問：買斷身之婢，是否有期限之規定，否則以何時爲滿。吾知不平子必謂：以出嫁之時爲期也。然則婢女出嫁之期，是否有一定年齡之規定，抑由主人之自定，若由主人之自定，則所謂期者，亦不過是主人之主意耳。何期之有哉？至謂嫁後，便復回自由，此亦不過一種門面語耳，嫁婢者，多數祇求禮金之豐厚，何嘗計及本人之同意。試問此種盲婚，出嫁後能自由否？

「夫爲婢者不盡爲妾；爲妾者不盡爲婢。貧家女子，嫁人作筭幾妾侍者，比比矣；編氓小戶，買婢爲正室者有之；斷絃納妾者有之；又何嘗受大婦之專制。」

雖爲婢者，不盡爲妾，然多數作妾，吾人論事：祇須從多數着想耳，豈必盡爲人妾，然後始得謂嫁與人爲妾乎？即照不平子所言：亦足証明爲婢者，不自由之苦況。除多數嫁人作妾者外，其餘得爲正室者，亦祇限于編氓小戶耳。欲作富人之妻，已無望已，誰使之然！至謂「斷絃納妾有之，又何嘗受大婦之專制。」不平子以爲引此，便可以推翻謂爲妾者大婦專制之左証己；不知適足以証實爲妾者，確有受大婦之專制耳，何以言之！爲人妾者，必俟斷絃者納之，方可免受大婦之專制，若非斷絃者納之，則必難免受大婦之專制也明矣。

「且更有寵妾棄妻者。是爲妻而反受妾之專制。爲此言者。胡不從對面一想乎。」

此說更謬，夫棄妻者夫也，非妾也，所被輕棄者乃受夫之專制耳，于妾何尤？何得謂反受妾之專制乎？妾爲大婦所迫，以致投河自盡者，夥已！惟大婦而受妾所逼致喪命者，則屬罕聞也，又焉能作爲反比例也耶！

不平子又謂：「殊不知主人虐待，大婦不良，丈夫關葺，是小數部分的事；亦有一部分主人優待，大婦無權，丈夫寵妾，與之對待，祇得平均之數耳，不能以一部概其餘也。」

不平子謂亦有一部分人將婢女優待，與虐待者，祇得平均之數，今愚姑不問不平子，用何種調查手續，查得優待與虐待，兩方面之數相等；今祇問不平子，主人如何優待婢女，優待婢女，以何種爲界說，以少些打罵爲優待乎？抑使其略得飽煖便算爲優待乎？恐意正當之優待，必于飲食有時，作止有候，且施以相當之教育，令其得略受普通之常識，始足以語優待，試問能履行此種辦法者，能有幾人？推虐待婢女者，則屬多數，經報章之騰載者，乃事之發露者耳；其未經顯露者，更不知凡幾也。不平子竟謂二者相等，豈持平之論哉

香港蓄婢問題

至以「大婦無權，丈夫寵妾」之事，以與爲妾被大婦專制者之數相等，誠不知何所見而云然？　不平子豈不知中國之習尚，莫不以重妻輕妾爲平常之事乎？　倘有輕妻重妾之舉，則不獨爲衆所譏彈，即女家亦必不肯干休，務必以理相繩，正其名位。　若爲妾受大婦不良之待遇，則視作平常，婢之主人，亦不敢爲之理論。　由此觀之，則可知不平子所謂平均之數者，乃揑做之謊說矣。

「夫嫡庶之分，猶長幼之別，兄之與弟，亦不能平等，如其所言，必將長幼之序劃去方可，是率天下而爲不遜弟也。」

不平子既欲兄友弟恭，長幼有序，則不應有嫡庶之分也。　中國習俗遺傳，凡人死後，爲之捧水盆者，例嫡出之長子爲之，承受雙份遺產，亦必嫡出之長子方可若是庶所出雖爲兄長，亦不得與，反爲嫡出之幼弟得之，是徒有長子之名，而無長子之實，長幼之序，剷之殆盡，是率天下而爲不遜弟者，莫過于嫡庶之分也！不平子曷不思之甚耶。

「中國考試之例，　等級最嚴，　亦未聞庶子不能考試。」

不平子所謂考試之例，等級最嚴，是必指前清時代之考試無疑矣。　今民國己成立十年；此種腐敗制度，

是己歸于淘汰時，至今日，不平子猶引爲例証，自鳴得意，以此種舊頭腦之舊眼光，而觀察新世界，無怪其抑鬱不平矣。●即以前清考試而論，亦斷不能以此証明嫡庶爲平等，前清之考試，並非優待庶子，實欲以搜羅天下有才志之士，消磨其有用之才，于無用之地，直以愚黔首耳，有識者正憾之澈骨，不平子反以爲厚待，真愚不可及矣。

「即社會交際，亦未聞賤視庶子也。」

社會者，乃由多數家庭，集合而成，家庭則由夫婦而起，是夫婦爲社會之根本也。　中國習俗對于嫡庶之界線，分別頗嚴。　嫡出者，多不願與庶出之子女婚配。　己足証其有所賤視，根本既己爲人所賤視己，遑論其末乎？

「直以妾所生之子女，皆是無人格的人，吾國庶出者，幾占半數；試問各人肯承認此言否？　古今來，庶出之子，爲名臣，爲大儒，駢肩累跡，不可悉數，烏得以此無稽之言相詆耶？」

近朱者赤，近墨者黑，此乃自然不易之理，大凡十歲以下之子女，其領受母教之處較之父教必更多，以其常近母親也。　倘爲母者，卑鄙成性，毫無教育，則其子女，日夕親之，又烏能不爲其所薰染哉？　下平子謂，庶之所出者，亦有爲名臣，爲大儒者，不平子亦嘗有

思及此種所謂名臣，大儒之人，其必具有上賢之資質乎？　否則必為其母之習慣薰染之矣。　不平子既知婢女于未解放及未受教育之時代，所生之子女，其中尚有名臣大儒，倘使婢習革除，復回女子自由，授以相當之教育，則將來產出之偉人英傑，則必千百倍于前也。　吾人斷不能以偶見目不識丁之窮漢，得以白手興家。．積數資十萬，便以為人之發達，不在學問，遂不尋求教育。　須知該白手興家者，必有過人之處，或存心忠厚，或有辦事勤敏之特點，倘再以加以教育學識，則其前程之發達，必不止百數十萬已也，今之人格問題，亦如是己。　設婢女得解放？　復回自由，得受相當之教育，則其子女，豈止少數名臣大儒已哉？　其中賢之資質者，亦將為偉人俊傑矣。　然則不平子果以吾國現在之人格為高尚，人才為足用，毋須再求進步乎？　如其以為然，則亦已矣，若以為未也，則當從根本上着想，發揮正當之言論，為人道正義鳴不平，何可為害人之陋習而伸辯哉？

◉輿論第六

我亦討論蓄婢問題

（天石）

邇來本港人士，對於蓄婢問題，頗多討論。　曰：維[illegible]蓄婢也。　曰：防範虐待婢女也。　凡茲呼聲，吾不敢謂其非因於人道之一念，然而第曰維持，第曰防範，其於蓄婢制度，是否仍認其有存在之價值？　不無疑義。

吾謂貴族階級，既發見蓄婢暴露之罪惡，則所謂維持與防範者，是否遂足以為人道之保障？　吾恐論者亦未敢率爾應我，然則防範也，維持也，亦猶之強國之對[illegible]所屬，曰，我保護汝也，若輩程度幼稚，非受我之保[illegible]不可。　此當主張正誼者所許可？　彼倡言維持與防[illegible]者，當不異是？　吾人姑退步立論，謂論者之意，為減虐婢之罪惡計，蓄婢制度，非立時所能推翻，故于[illegible]舉之步驟上，不得不如是。　論者苦衷，吾人微特諒之[illegible]而已，且深佩其主張人道，救護女姓之熱忱。　顧吾所懷疑者，論者對於蓄婢之家，能否一一維持或防範其不加虐待？　能之矣，其于虐待程度之深淺，能否一一[illegible]以相當之刑罰？　能之矣，其於重簾密室，如海侯門，[illegible]彼婢女憔悴呻楚之聲，能否一一為論者所聞？　假曰[illegible]能之，則論者之所謂防範與維持，於人道方面，當曰無[illegible]補。　否則論者之主張，能否實行，尚屬別一問題；而[illegible]

論者之主張是否錯誤，則又一問題也。

吾人討論蓄婢問題，既以人道主義為前提，則於本問題之論點，當然先問蓄婢制度，果適合于人道否？若「虐婢」與「納婢為妾」諸惡習，特問題之枝節，苟問題之本身解決，枝節自迎刃而解耳。

吾今試問論者曰：「公等既高唱人道主義，則同是人也，而輾轉買賣，視等貨利犬馬，是果合於人道否也？公等既高唱人道主義，則以未成年之女子，靳予教育，閉聰塞明，使任繁劇之工作，比長時豢如鹿豕，一生永為奴隸，是果合於人道否也？　公等既高唱人道主義，則人而目蓄，其視人也，殆亦與牛馬等耳，是果合於人道否也？　公等既高唱人道主義，獨不知一經為婢，天賦人權，殆已剝奪淨盡，馴至婚姻問題，亦須受主人「賣買式」之支配，不能得絲毫自由，是果合于人道否也？」　公等倘能應我曰：「是皆不背於人道主義者也。」　則吾復何言，公等果有一線天良，果將如何應我。

公等獨無子女乎？　公等獨無兒孫乎？　公等之子女兒孫，此時生長華屋，錦衣玉食，誠無所用其顧慮，然帝王之業，尚不能千秋萬禩，永傳不變，公等自問，較諸帝王之業果何如也？　然則蓄婢制度之存在，於公等又當有利乎？　公等不為人道計，獨不為本身利害計乎？　公等果三思之，又將如何應我也？　嗚呼！　蓄婢制度之流毒於社會也如是，則其尚能存在與否，殆已不成問題。　而公等乃不為根本之圖，囂囂然號於眾曰：「維持也，防範也。」　公等天良萌動，吾又寧敢苛責，絕公等自新之路，然而即此遂謂人道主義，亦淺之視乎人道主義矣。　無己，其錫公等以嘉名曰：「半截身之人道主義也。」

不寧唯是，論者又謂果蓄婢制度廢除，則貧家女子，將無人為之撫養。」仁哉諸公！　矜恤貧家女子，乃一至於此乎？　所謂慈善事業，乃又是乎？　雖然，此說是否通過，容續論之。

公等既以人道主義相標榜，矜恤貧家子女，然何不以買婢身價，與數年贍養之金，捐助社會，以建一女子貧民義學。　吾知公等設人人具惻隱之心，則集腋成裘，何難建一規模宏鉅之學校，容納此輩貧女。　嗚呼！公等果能如吾所云，則此宛轉哀呼之婢女，將百拜以食公等之賜。　否則公等所謂撫養貧家女子者，司馬之心，路人皆見，公等縱不虐婢，公等縱不納婢為妾，人其謂公等何！　矧矜恤與慈善，不應含有條件之作用。

若有條件之矜恤；及有條件之慈善；其所謂矜恤與慈善者，亦從可想耳！

總之，人類既有階級之覺悟，則蓄婢制度，所謂防範與維持，亦屬多事；吾人之天良，苟未盡泯，則討論之結果，自當從根本着想，舉數千年來蓄婢之惡習，一掃而空之，所謂防範與維持，抑亦末也。　吾論至此，適有舉某報「蓄婢問題之辨誤」一論見示，此論署名為不平子。　吾初意以為不平子者，或為宛轉哀呼之婢女鳴其不平，迨閱其內容，則不平子之鳴，蓋本資本家與紳閥鳴不平者也。　今試舉其所謂辨誤者，為「辨誤之辨誤。」　不平子之論，係對楊少泉君之演說而發，其大旨謂：

(一)買婢之家，有一來歷不明之女子否？　苟非親生父母當面妥訂，亦無人敢冒昧承受。

(二)蓄婢制度，實與長期合約之傭僱相類。……為婢者不盡為妾，為妾者不盡為婢。

(三)更有寵妾棄妻者，是為妻而反受妾專制……：亦有一部受主人優待，大婦無權，丈夫寵妾……：嫡庶之分，猶長幼之別、兄之與弟，亦不能平等……

(四)自八歲起，至十八歲止，權操之主人，則謂之不自由。　試問人家子女，自少便聽其自由行動，不受父母之管束乎？　子女亦須管束，何獨婢為然哉？　以不受管束為自由，無怪近來淫蕩之風日盛也。……

凡茲論點，為不平子論中之要旨。　其維持蓄婢制

度之苦心孤詣，固已昭然若揭。　而東拉西扯，保持立妾制度，為侍妾盡忠擁護者，亦不可為不力。　今且先闢其第一謬點，不平子於買婢之家，是否一一調查清晰。確無來歷不明，拐帶轉買，之女子？　不平子將以何種保証，而証實其必無？　果有之者，不平子將以何辭其咎？　不平子執筆報界。對於日常新聞，亦嘗有所聞否？　是否淡然忘之？　抑昧良以為貴族作喉舌？由前之說，則不平子頭腦混沌至此，對於社會情況，全不明瞭，淆亂是非，將導社會於黑暗之途，於良心亦有所愧否？　由後之說，不平子良心喪盡，果欲討好貴族，何不為歌功頌德之文，則富貴之道，甯不可求，而忍使無量數被拐轉賣為婢之女子，憔悴呻吟於貴族權威之下也？

今更闢第二謬點：不平子謂蓄婢制度，實與長期合約之傭僱相類。……為婢者不盡為妾，為妾者不盡為婢。　此說似是而實非，此非而實謬。　試問長期合約之傭僱。是否有年限之規定？　而一經為婢。則終身自由，剝奪淨盡，即婚姻問題，亦須受主人之支配，所謂支配者，猶之貨物，價高者得。　彼腸肥腦滿之富家翁，何嘗念及兩性間是否意志相投？　更何嘗念及兩性間年齡是否懸隔？　故終其身為怨耦者有之，纔經匹配，而下堂求去者有之。　彼聖人之徒，且喟然太息，謂

女德之墮落。　嗚呼！　誰爲爲之？　孰令致之？　而二至於此極！　婢之性質，與長期合約之僱傭，旣截然不同如是，而不平子牽强附會，并爲一談，其糊塗荒謬，己足令人失笑。　至於納婢爲妾，業爲社會上不可掩之事實，不平子雖欲强詞奪理，而報章之紀載，與夫街談巷語，言之鑿鑿，不平子豈未之聞耶？　抑聞之而猶思爲紳閥辯護耶？　吾不欲不平子答我，但願不平子捫心自問，果愧對良心否也？

今更闢其第三謬點：則妾之人格問題是也。　不平子前說，旣云爲婢者不盡爲妾，此處又力爲侍妾辨護，謂嫡庶之分，猶長幼之別，兄之與弟，亦不能平等。不平子不特力持留婢，且力持立妾制度永遠存在，以償富紳鉅閥之肉慾。　試問長幼兄弟，與嫡庶果同否？不平子之頭腦，固滿貯所謂五倫者，試問五倫中亦有嫡庶一倫否？　文明國家；亦有嫡庶之惡現象否？　以一男子。而納三數女子，充其下陳，果置女子之人格於何地？　乃不平子猶揚揚意得曰：「：：更有寵妾棄妻者，是爲妻而反受妾專制：：：亦有一部受主人優待，大婦無權，丈夫寵妾。」　若經納爲妾，無異登仙。幾欲盡驅天下之女子爲婢妾：幾欲盡舉天下之人，爲妾婦之行也。　吾不知不平子亦有妻女否？　吾不知不平子亦忍使其妻女，爲婢妾否也？　己所不欲，勿施於人，不平子苟反而自省，又將如何答我也？　「此本題外之論，以不平子極力鼓吹納妾，故不得不詞而闢之。」

今更闢其第四謬點：不平子謂：「自八歲起，至十八歲止，權操之主人，則謂之不自由。　試問人家子女，自少便聽其自由行動，不受父母之管束乎？　子女亦須管束，何獨婢爲然哉？　以不受管束爲自由，無怪近來淫蕩之風日盛也：：：」　不平子此語，自謂足以自圓其說矣。　然父母管束子女，乃施以相當之教育。　而於婢女則何如？　父母之管束子女，乃予以仁慈之愛情。　而於婢女則何如？　父母之管束子女，曾有虐待之行爲否？　而主人之對於婢女則何如？　父母之管束子女，曾有壓迫之行爲否？　而主人之對於婢女則何如？

不平子欲假管束之好名詞，以保存蓄婢制度，自謂得計。　而不知管束二字之意義，亦曾含有絲毫壓迫之意否？　亦曾含有絲毫虐待之意否？　不平子果不解管束之字義耶？　則猶可恕也。　不平子果誤解管束之字義耶？　則亦可恕也。　若知之而掩耳盜鈴，并爲一說，則吾雖欲恕不平子，而天下之人，不之恕也。　至云「以不受管束爲自由，無怪近來淫蕩之風日盛：：」此說尤謬，不平子所謂淫蕩之風日盛，殆指女德之墮落而言。　然女子倘於幼稚時代，即受相當之敎育，俾長成有所樹立，則何致甘爲侍妾，恬不知恥；更何致帷薄不修，淫蕩終老？推厥原因：僉壓抑女性如不平子一流之人，蓄婢納妾，剝奪女子人格，使婦女激而出此者也。然則不平子果抱「世風日下」之嘆，何不垂涕哀告，勸富紳鉅閥，少作冤孽，勿再縱情聲色，蓄美婢，納艷妾，摧殘女性也？　乃不平子不責富紳鉅閥之造孽，而第為偏面壓抑之論。　試問吾儕無可告訴之女同胞，果甘受此種汚蔑否也？　其他若誤解自由之意義，在引車賣漿，情猶可恕；若不平子者，固所謂能文之士，乃猶不明自由為何物，記者又安有冗筆浪墨，為無謂之辯論，取厭於閱者耶？

吾論將告結束矣。　質言之：時至今日，蓄婢制度之當否廢除，在文明國家旗幟之下，已無復討論之餘地。　而自命先覺之報界記者，為人道計，為正誼計，當如何鼓吹禁止，始足以對良心，謝國人。　乃不平子輩，竟敢於光天化日之下，發此怪論，吾不暇為宛轉哀呼之婢女悲，吾乃不能不為人道正誼悲，更不能不為報界人格悲也。　或謂：「子既反對蓄婢矣，然則將如之何始可蓄婢制度。永遠廢除。」　記者曰：此手段也，非目的也。　在今日社會中，既有主張蓄婢之怪聲，記者安能不力闢其謬，以明是非。　至於吾人將取何種手段，此則反對蓄婢會諸君，自有具體之辦法。　以記者管見所及，竊謂進行之步驟，應取以下兩種：

（一）請願政府，禁止蓄婢也。

（二）廢除蓄婢後之善後問題也。

凡茲二事，皆反對蓄婢諸君，所應取之手段。　吾願香港政府，宜服從吾華人公意，力予贊助。　所謂公意云者，蓋指平民階級，若夫二三紳士，第知頤指氣使，縱情聲色，其弗利於一己者，無不立於反對者之地位，甯能代表眞正之民意耶？　至於善後問題，將來之成績何如，是視吾人之能否力行。　總之蓄婢制度之不合人道，摧殘女性，稍有人心，無不髮指。　吾人同為人類，對於此種陋習，熟視無覩，已可駭怪，彼推波助瀾，假言維持者，吾不知其居心何若？　哀莫大於心死，是眞心死者矣！

一二—一八，八，二一，大光報

●●慕法君之革除蓄婢意見　大光報編輯主任先生鑒。閱報見對蓄婢會以（反對蓄婢惡習助人覺悟並籌設善法務達剷革除蓄婢）為宗旨。弟乃贊同此旨之一人。特於忙中偷閒。擬定辦法數條如下。苟有未盡善之處。請閱者速為指教。以便旅港之婢女得早見光明也。

反對蓄婢會應向政府請願

（一）凡蓄婢之家。婢主須定限期內。赴政府指定之處。將婢契毀滅。並由政府將該婢拍照註冊存案。以為釋放之憑證。

（二）契約毀滅後。婢女如願同婢家作工。則婢主須給回

香港蓄婢問題

傭值之婢女。傭值之計算如下

(甲)十一歲至十五歲者月計一元至二元。

(乙)十六歲或以上者月計三元至五元。

上列二欵傭值。如婢女願歸原主處作工。婢主得由其傭值扣回已繳婢女之身價。惟婢主從前供給之衣裝膳費不在扣除之列。設婢女不願同婢主處工作。則婢女可由契約成立日起。至廢止日止。按服務期之久暫。照上法將應得之傭值。抵塡賣身價。如或抵塡身價數目。則僱該婢者須扣回其傭值。償其所餘身價之半。

(三)婢女如不願受僱於原婢主。其父母可按本條(甲)(乙)二欵辦法。領回團聚。如或父母不領。則須由政府交慈善機關代覓工作。或交保良局。取該婢同意代爲擇配。

(甲)父母領回者。應從賣出日起。至釋放日止。由服務內應得之工值償還其賣身價。如數不敷。則應由父母按數補塡。

(乙)父母領去後。須保證以後不再將其女轉售與人。或迫其作妓作妾。

(四)由官佈釋放婢女日起。以後凡携婢到港探戚。或暫居港地者。(指寄寓旅店而言)須携該婢照片赴政府指定之處存記。並於離港時親到註銷之。

(五)婢女釋放後。凡未滿十二歲之童婢。每日不能作工八小時。其工作又須以不傷軀體發育者爲限。

(六)婢女當及笄之年。如有欲代擇配者。須得本人同意。及證實非將其嫁人作妾者方可。否則以有損人格論。

(七)契約之毀滅。由宣佈日起。以二閱月爲限。限滿如査仍有未將契約毀滅。或逾期始自行呈繳者。須納逾期毀契費二十元。

此條祇於上列限期滿後四閱月內發生效力。如逾此四閱月。則須證明確爲新遷到港者。否到除契約毀滅及追繳毀契費外。仍將其婢女交由政府發落。不得按(第二欵)追償該婢身價。

二一，八，一九弟慕法上言

◉輿論第七

香港婢女問題

（華字報）

香港婢女問題。近因英國議員。提議干涉。遂爲一般人所注意。吾今請就鄙見所及。與各界人士一商榷之。

（一）從生活上觀察。吾國蓄婢一事。自外國人眼光觀之。當然爲最不道德的行爲。（外人並人力車亦以有傷人道蓄婢自無待言）豈獨外國人有然。即我國古先哲亦何嘗或以爲非。蓋古奴婢之制。奴婢使役。不過對於罪犯之一種懲罰。（風俗通古制無奴婢即以犯事者爲奴婢說文男入罪曰奴女入罪曰婢）且婢之云者。在古原爲婦人自稱之謙辭。禮謂自世婦以下。自稱曰婢子。左傳載秦穆夫人對穆公語。曰若晉君朝以入。則婢子夕以死。則古代之不認蓄婢爲合理行爲可知。推原其始。一則世祿之家。非以之事。視作賤役。非此無以供使令而藉其快樂。一則貧民爲生計所壓迫。加以饑饉水旱。史不絕書。故不得不自鬻以求活。（子女被鬻亦多爲饑寒所迫之）有兩種原因。此蓄婢之所由來也。試又論以吾國近日生計之困難。一般貧民。終歲勞苦。猶恐無以自食。更何有仰事俯畜。故貧寒人家。爲逃避養育義務計。至不惜舉其呱呱墮地之女孩。而投諸濁流者有之。而送諸嬰堂者有之則鬻女自不能禁其必無。况即以被鬻之女子而論。與其在家渡可憐之歲月。孰著鬻之富家。對於個人。飫衣食住可以無虞。對於父母。尤可得資以謀一家之生活。實際上固明明比較的爲有利事業者耶。是說也。在社會生計問題未解决以前。誠爲無可幸免之事實。職是之故。設單純從生計上觀察。謂在最近之將來。苟非公衆有相當方法以救濟貧民鬻女之痛苦。則婢女問題。自不能遽行根本推翻。吾亦承認之。（此次北五省饑荒婦女每口往往有僅賣價數元者即此足見生計壓迫之影響何者）此其足資研究一也。

（二）從習慣上觀察。香港富戶之蓄婢。設律以人道主義。當無復研究之可言。故吾今茲之所亟欲一問者。則習慣上富戶蓄婢之目的若何耳。質言之。即富戶蓄婢。是否單純以圖得比較的廉價勞工爲目的。抑不僅以得比較的廉價勞工爲目的。而別有其他圖企。如是而已。以購婢時所締結之契約而言。吾粵內地習慣。凡購婢者必有所謂中人以爲之介紹。雙方既經同意。則由賣女者立回賣契。聲明日後任買主使喚。及嫁與人作妾等事。並由中人作證。所謂三面言明。二家允肯。所謂山高水低。各安天命。尤大書特書。惟恐不詳。迨長大爲之擇配。則契約亦於是時解除。若香港則又微有不同。賣女者往往寫一送帖。作爲贈予。而買者亦恒以育女呼之。蓋欲避免官廳之干涉也。此其大較也。是習慣上之婢女。實

香港蓄婢問題

不過有契約之勞工。且徵諸事實。貧家女子操婢之業。恒不若富室蓄婢嫁人之易。其一轉瞬而作官太作閨姿者。蓋比比焉。矧普通嫁婢。必須得婢之自願。以視所謂婚嫁不自專之盲婚。世人之待婢女。尤往往厚於自待其子女。是就此點而言。蓄婢者既非藉此漁色。又非藉以換錢。（即非以之作娼及轉賣與娼家）而待遇之優。與該婢前途希望之鉅。又皆持之有故。而言之成理。則雖謂富戶蓄婢之目的。實含圖得比較的廉價勞工外無問題。固無不可。而又何疑焉。雖然。此特道德問題則然耳。設不幸而此絕對無抵抗能力之貧女。而竟入於市井惡儈之手。吾見有優倡畜之者矣。吾見有奇貨居之者矣。此非吾之武斷也。香港慣作投機之婦女。方其以廉價購買貧家女子也。名義上則曰婢曰女。實際上則搖錢樹而已。則上貨倉而已。盛其衣飾。美其姿容。（貌有不美者術有老工者則改造之此中黑幕筆難盡述）教之讀書識字。教之彈琴度曲。在無知女子。方以為阿母愛我。而不知已墮其術中。上焉者則賣作豪門之妾。逼脅永巷之生涯。下焉者則淪為娼家之婦。無異地獄之變相。（尤以迫作私娼為多）彼個中人之所謂搖花者更無論矣。（省港澳固皆有所謂搖花一流人即近日茶樓度曲者亦間多由內地購買而來蓋本少利重故若輩咸視為發財捷徑然因此彙營私娼者亦間有之矣）即以正當買作婢女者言之。港例

雖不得虐待婢女。然年中發見虐待婢女之案。仍數見不鮮也。自來未發見之罪犯。恆較已發見者為多。則虐待婢女之惡風。是否有潛移默化之望。又其紙作費詞者矣。準是而談。吾人平心論事。敢謂購婢者固大多數以圖得廉價勞工為目的。而假購婢之名。以行其種種不道德之實者。亦決不能謂為絕無。（虐待婢女亦不道德之一）嗟嗟。誰無父母。誰無子女。則我人對此可哀可憐之貧女。為防微杜漸計。為補偏救弊計。其不可不預謀所以善處之道也審矣。此其足發研究二也。

基於上述理由。以近日貧民生計之困難。既不能禁其賣女。而其不能絕無流弊。又無可諱言。吾人立論。當為多數貧民設想。富人之便與否。原屬不成問題。（因富人不購婢仍有救濟方法以近來社會而論祗患無錢坐轎決不患有坐轎資格而無人背抬此固無須吾人代為之慮也）然則如之何而可。據日昨某君來函。（某君署名為求人羣幸福者原函已登昨報）則主張易買賣為僱傭。照現時香港所行住年妹辦法。此亦未始非救濟之一道。（某君謂中國法律禁買賣人口購婢實為法所不許鄙意以為凡文明國無不禁買賣人口但習慣上既有依據在港言港似不妨稍予變通）然於此仍有疑問。一則現時己買之婢。是否責令一律解除契約。二則賣女者或急欲得一筆款。以經營事業。則奈何。三則婢女父母。未必皆在港居住。

廿六

（近日內地多有携女來港賣與人家作婢者）如是則照料籌。且一旦失業。以彼數齡幼女。又將安適。故解放主義。吾于人道上固絕對贊成。但恐事實上辦不到。仍須妥籌辦法耳。訊又思之。吾中國二千年以前有提倡放奴者焉。（我國二千年以前已有提倡放奴論其人則林背不足尊美矣）史稱西漢孝成帝元年。師丹上限田之議。並請限諸侯王奴婢二百人。列侯公主百人。關內侯吏民三十人。期盡三年。犯者沒入官。其限制奴婢之使用。既定期三年。則雖尚存奴婢之名。而奴婢之本質。實已廢除。蓋役用僕從。期限有定。視今世歐美各國之傭人以服役者。直無所異。語其實際。只存傭僱之關係。而非有身分之關係也。（今之婢女雖與古之奴婢不同但主僕名稱固未廢除也）此實為吾國廢除婢女制度之嚆矢。吾意今香港誠能做其意而變通之。則此種困難複雜之婢女問題。自迎刃而解。何也。吾聞各國救貧事業之進行。各地城鎮。多有由市民集合。設一所貧民委員會。以調查該地貧民狀況。而隨時為之救濟者。此與關地方自治範圍。實亦含有慈善性質。香港對於婢女之維持。除官廳實行保護而外。（如取締虐待婢女即其一端）既設有保良局以司其事。是救濟婢女之痛苦。已明明有公共建設之機關。（保良局範圍雖廣原非專為保護婢女而設惟官廳對於被主人虐待之婢女則撥往該局而已）故吾今所欲獻議於各界諸君者。

（一）由各界籌設一婢女救濟會。（或名為救濟婢女委員會蓋由市民委任之也）或即附設於保良局內。以專責任而利進行。

（二）廢除賣買名目。改為有定期之傭僱。由雙方訂定契約。但女子未達成年時期。須得其父母或管理人同意。

（三）凡僱用婢女須赴救濟會注册。俾得隨時稽查。

（四）婢女服務期限。定為五年。（或不止五年可從長計議定一適中辦法）祇供烹飪洒掃之役。不得轉賣（即將該婢讓予別人）及虐待。

（五）婢女服務期限已滿。由其父母或管理人領回。如父母或管理人因特別故障。不能親到領回。則交救濟會妥為保護。

（六）以前所買之婢。無論是否買來。皆須一律照此辦法。改訂有定期之傭僱。但如該婢年齡已長者。服務期限須酌量減少。

（七）維持費由各界推舉職員主持。須隨時調查婢女情形。籌商救濟方法。呈准官廳辦理。

以上各條。不過舉其大略。然一轉移間。不特於貧民與富戶之雙方。可以兼籌並顧。且可為實行解放之準備。似亦不無商榷之餘地。或曰。此法誠善。但港例對於未

香港蓄婢問題

成年幼童之受僱於各工廠者。且有取締。訴諸法律。是否可行。究屬疑問耳。然吾不云乎。吾人立論之主旨。固以習慣為根據乎。抑港中現時之所謂育女。何嘗非贈予其名。而買賣其實。本屆調查戶口。當道對於婢女之報告。亦嘗令居民書作婢女。不必仍書育女矣。與其相率為偽。又孰若光明磊落。酌予變通之為愈也。語曰。與去其太甚。以取締為解放之預備。亦即以根本解決為最後之指歸。亦未始非因勢利導之一法也。一得之見。各界諸君。幸留意焉。

◉輿論第八

廿八

婢女維持會問題

華字報

香港婢女問題。昨經各界會議解決。議一婢女維持會。以謀此事之進行。此與吾人主張。可謂不約而同。（見廿六廿七廿八等日拙著）其稍有區別者。吾人對於婢女問題。原主張廢除買賣名目。而易之有期限之僱傭。由雙方自由締結契約。因設救濟會以執行註冊登記等事務（拙著稽救濟會）質言之。仍以取締為解放之準備而已。而日昨各界會議。乃對於婢女問題之自身。似尚有若何之解決。則所謂維持云云。一部十七史。究從何處說起。寧非疑問。職是之故。吾今所欲與各界諸君商榷者。

（一）維持會之組織若何。據日昨各界會議。雖已決定將婢女維持會附設於保良局。然於此有一先決問題焉。維持會之設。其將由官辦耶。抑將由民辦耶。其將認為係保良局之附設機關耶。抑將於保良局外保有獨立之性質耶。如建造然。必先有一定之圖式。然後工程之實施。始有正確之標準。此固理之至易明者也。夫以保良局而論。固官民合組之機關。抑亦含有慈善意味之一種公共事業也。持此以例婢女維持會。吾以為婢女維持會為今日時勢之所需要。為一般貧苦女子謀安全。即為人道主義謀保障。凡我華人。男當訴諸良心。認為個人唯一之

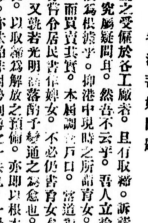

義務。不獨絕對無可逃避。實亦與慈善事業之担任與否。僅有僑商餘地者不同。故維持會之組織。吾以爲亟當由工商各界各社團各推舉代表。指定地點。先組一籌備會。對於進行辦法。切實研立。務達最後目的而後已。庶前途希望。或終有如願以償之一日。否則一鬨之事。昨日之所議。坐而言者已難望其起而行。甚或正負兩方面之爭持。尙未能表示一致。同此維持會。甲以爲急務。而乙則主緩圖。此認爲必要。而彼則曰無謂。欲其有濟。不幾戛戛乎其難耶。總之維持會組織之第一步。即在決定辦法。此事非聯合各界。以爲之籌備。而促其進行。則成效何若。亦正未易逆覩。何以和衷共濟。何以相與有成。是在我各界諸君之能否推誠相見而已。此其亟當注意一也。

(二)維持會之目的若何。凡一機關一切團體之組織。必有其最後之目的。亦必有達此最後目的之計畫。否則無舵之舟。南轅北轍。其無當又何待費詞。今婢女維持會之目的何在乎。據昨報載。則謂維持會之設。固將以輔助保良局之進行。是維持會目的。似已可於此覘之。然保良局設立之初旨。原爲良家婦女被誘拐者而設。其職務範圍。初不限於保護婢女之一端。且其所謂保護婢女云云。亦不過對於官廳撥來之婢女。(如被主人虐待經官判決發交該局者之類)爲之安置。如是而已。此外即不問有若何方法。以援助此數萬可憐之婢女。而減輕其痛苦。揆諸公等組織維持會之本懷。其必闇然不足可知也。況維持二字。亦苦無一定之界線。主張實行取締固維持。主張實行解放亦維持。主張對於虐待婢女者實力干涉固維持。主張對於購買婢女者實力干涉亦維持。則界線之亟宜確定審矣。吾人對於婢女問題。原主張易買賣爲僱傭。誠以根本解放。譬諸社會主義之言均財。固爲多數人所歡迎。然究其實亦不過擧大喉唱高調。祇要講得好聽。昔晉惠謂年饑何不食肉糜。而不知飢民肚內已造反。則亦過屠思嚼而已。故吾人以爲天下事當求其平易可行。誠如吾人之主張。則維持會之辦法。約有數端。(一)凡養婢者皆須註冊。其事由維持會主之。(二)僱用婢女者。須有一定期限。或三年。或五年。由雙方自由訂約。期滿交回該婢父母。不得轉賣。(即將契約轉賣)及嫁與別人。(擇配一層如得該婢父母同意爲減輕貧民婚嫁負累計似亦無妨變通)註冊時必須一一聲明。(三)凡關於婢女傭僱事件之爭執。如雙方不願涉訟。得由維持會調處之。(四)居民有虐待婢女者。維持會得干涉之。並得受理該婢或其父母之伸訴。(五)維持會須組織調查委員會。隨時調查婢女狀況。報告公衆。俾得設法補救。(六)前項調查。如發見有虐待婢女者當即實行干涉。(七)街坊如見有虐待婢女。而報告於維持會者。

維持會不得拒絕之。（即置之不理）（八）維持會附設女子貧民生計會。除對於被主人虐待之婢女。謀敎養事宜外。並予一般貧家女子以相當之援助。俾免失所。（此爲根本解決之最要方法否則空談無補）（九）關於婢女事件。有不服維持會之調處者。得由維持會呈請官廳核辦。（或由原告自行依法起訴因必如此始足以昭折服）（十）婢女名稱。當由維持會改正之。（古時犯罪入官者稱爲奴婢今既僱傭自由婢之名目當改）上述十端。不過舉其槪畧。然誠能見諸事實。則婢女制度。自不廢除而廢除。亦未始非千慮之一得也。此其亟當注意者二也。

要之茲事體大。討論自不厭求詳。諺曰。集思廣益。管見所及。願與各界諸君一商榷之。

◉輿論第九

△研究婢女問題　總商會報大主筆先生文儿啟者連日見報紙載錄有倡議防範虐待婢女會有倡議禁絕婢女會各樹者幟各有宗旨鄙人細心參詳之似乎兩方面均合情理也蓋禁絕婢女維持人道此本一片婆心人所共知但惜乎不合時不合地不能行於中國之今日亦不能行於鄰近中國內地之香港耳中國地廣而荒民多而猶窮鄉僻壤之人一身衣食自顧不遑故所生兒女多有無錢養育者我國風氣又重男輕女是以溺女之事時有所聞倘能將兒女出沽與人則此風或可稍殺也凡事必要從根本上着手欲禁婢女除是乎有斧柯整頓內政與教育與[illegible]與礦務與種植使國富民豐人人能有[illegible]育兒女之資格屆時自然無將兒女出賣不禁自絕者不錯其本而齊其末只知禁婢女而不知當頓人民生計不見其利而先見其害矣何以言之譬如禁[illegible]夫[illegible]夫與夫開當押店一樣[illegible]夫轎夫賭人作牛[illegible]待生人[illegible]此爲甚外國無此賤役也即開張當押店取人月息三分之厚亦是損人益己黃刻窮民若言維持人道此兩件亦應在禁革之列但今未聞有倡議禁革車轎與當押店其亦迫於時勢無可如何猶之目下不能禁婢女同一比例耳至於婢女自幼時出沽與人被主人養育約十年至十八九歲之時遣嫁至嫁後便仍可與其親生父母如常往來倘好命生成嫁得一席豐厚者作姨太翻擅專房

綺羅遍體珠鑽滿頭正一生吃着不盡更生得一好仔並享晚年厚福以視蓬門貧女嫁一賣菜傭或農夫子雖作正室要朝夕耕田剷草養猪者其甘苦有天淵之別即未嫁之前該婢之親生父母亦可于年中三兩次到探其女且若在遠方而來主人尚要補回盤脚與其父母者其餘各樣習慣經詳於劉君鑄伯演說詞中茲不再贅似此質利多而害少縱有少數之無教育主婦將婢女虐待者吾儕總可急設一防範虐待婢女會以匡保良局之不逮　諸君若贊成鄙論者請早到華商總會報名入會可也敬請　貴報刊諸報端俾供新聞資料不勝欣幸之至僕本一介商人非工文翰今只據理直陳至於筆墨之劣非所計也並候

撰安

弟黃屏蓀上言七月初九日

香港蓄婢問題

◉輿論第十

我亦談談蓄婢

平原

十三號某報載黃屏蓀蓄婢一段，謬解甚多，不得不有以止之。

（一）「禁絕婢女，維持人道，此本一片婆心，人所共知，惜不合時，不合地，不能行于中國之今日；亦不能行于鄰近中國內地之香港耳；」云云。此說謬甚，蓋既知為維持人道，一片婆心，即當投袂而起，義不反顧，務絕蓄婢之習，而後止。所謂正其誼，不謀其利，明其道，不計其功，固如此者。昔歐洲血戰數年，殺人盈野，流血成河，蹂躪土地，戕賊人民，舉國陸沉而不悔。究其實，為人道計，雖殺猶榮也。蓄婢之風止，所犧牲者，僅蓄人之九牛一毛耳。而關係於人格，體面，世道，人心，不少也。乃計不出此。而倒行逆施。文過飾非，反誘之曰：「不合時。」夫時世者，英雄所造也。必有林肯，然後有釋放黑奴之時。苟過事因循，瞻前顧後，徇于私欲，怵于勢利，坐視時機之失；則黑奴之蓄，至今仍存。愚以為今日之時，正香港蓄婢末日之候。既友邦君子，主持人道，發起于外，而居留當道，良心不味，提挈於上。吾人只本良心所安，據事敷陳，不蔽小利，而忘遠害。使當事者，知所適從：則蓄婢之禁，可立而待。　否則黃河之清，端在幾時。　願黃君有以告我。蓋爲則合時，不爲則不合時，責在人謀。　胡爲乎復諉爲不合地也，竊思鄰近中國內地，而號稱文化，輪軌交通，歐亞往來樞紐，孰有過于港地乎？　香港所行之例，不因乎中國內地，以爲從違也。　即以蚊患而論，中國內地，隨處積水，蚊患獨多，而香港則積水有禁，甚至花瓶，蓮缸，天台破缸，亦叮囑告誡，不許積水，否則控之於法，未聞以我國內地忽視蚊患，而瞻徇不理也。　是港地華洋雜處，萬國梯航，觀瞻所在，正宜端示吾人之旨趣，作內地之楷模，豈可自卑人格？　保留蓄婢之陋習，甘作弊俗之辯護，而塞止內地觀感刷新之趨向乎。

(二)「倘能將鬻女出沽與人，則此風或可稍減。」「除是有斧柯者，整頓內政，與教育，與工藝，礦務，與種植，使國富民豐。」　此兩說皆社會經濟，與教育問題，斷難牽扯入蓄婢一路，以爲之辯護。　蓋善政不一，當漸舉行！　猶病症不一，當漸療治也。　不能謂療指者曰：「汝有目疾，乃不急治。　顧乃計及于指乎？不知目非不當治。　然一方療指，一方治目，庸何傷乎？　蓄婢之廢，非停止他善而不進行也。　亦適逢其機。　遇有廢止者，不可錯過耳。　一九二零年，上海海關佈告實業狀況，較一九一九年多四百餘處。　中江一地，尚且如此，其他可知。　實業如此，教育何如，亦可知矣。　故今日我國政府縱不良，而直省人民，殊非昔比，不必慮及港地廢止蓄婢，而於內地生計有窒礙也。　更不必俟內地先禁蓄婢，然後起而效之，亦不必以蓄婢之風爲調濟社會經濟，而令人肉麻也。　吾謂居此有爲之地，遇此恰好之時，正宜一秉良心，立斷藤葛，使蓄婢之廢，發自港地樹之風聲，必有聞風而起者；否則此風不絕，傭僱維艱，反生窒礙，不可不深長思也。

(二)「轎夫車夫當押」此數者一爲工作問題；一爲營業問題；與蓄婢截然不同，安能強以作襯。　彼勞動，雖甘辛苦，然行止自由，作輟隨意，不能強令以從人，而勞動神聖，斷難施以壓力，迥非婢女可同日語也。　當押一門，黃君乃儕之蓄婢之列，亦可謂獨開生面矣。　然彼等多屬富人，正如蓄婢者，施施然自謂爲慈善之事，調劑社會之經濟，而不自覺其非。　彼亦以爲綏急相通，以木求利，而不覺厚取我人也。　既知其不義。　而尚爲之飾辭，此愚之所大惑，而不得不駁正之也。

(三)「嫁得一席豐厚者作姨太；寵擅專房；綺羅遍體；珠鑽滿頭；正一生吃着不盡；更生一好仔，並享晚年厚福；以視蓬門貧女，嫁一賣菜傭，或農夫子，雖作正室，要朝夕耕田，割草養猪者，其甘苦有天淵之別。

」一此種口吻，極似村嫗貪賂誆騙小娃，作腰老翁者，骨痺肉麻，大類銅臭薰心，幾不知人間有羞恥事！ 故大書特書，以登報上，愚惑一般見利不見義者。 雖然，吾敢信港中明達之士，斷不為此莠言所亂，致蔽于所明，然習俗移人賢者不免，又不得不糾正之也。 今日世界有勞動神聖，黃君知之乎？ 稽之於古，神農以耕植開國；后稷播種興周；漢代鴻儒，有重農貴粟之論；世祖光武，本屬舂陵耕畔之人。 自是以還，劉宋發興，尚存耕具，華翁崛起，始自田間，中外古今，豪傑之士，多有出自農人，未聞有輕視而詆諆之者。 黃君乃膽大如許，以犯天下之不韙耶？ 衛青爲牧豬之傭；買臣負樵蘇之裘；朱門生餓殍，白屋出公卿，黃君未之聞耶？ 生男勿喜女勿悲，君今看女作門楣，此昔人歎楊妃子也。 綺羅遍體；珠翠滿頭；一生吃着不盡，亦祇餘白綾三尺，黃土一坯已耳！ 故曰生於憂患死於安樂，世無百代帝皇，必無千年富貴，諺謂賭鬼看人生是賭鬼；商人看人生於貿易；富人看人生是金錢；黃君所言，不外如此！ 願爲窮人妻，不作富人妾，富人之妻，尚有不願，矧爲妾婢？ 推己及人爲恕？ 試問黃君，假如有女。亦願先爲婢然後作妾以，能擅專房乎？抑一門閥緊，不作他嫁，而後得一食力之快婿以同諧白首乎？ 下一斷語，勿作囈語，吾知黃君此說，不獨不能引起輿論之贊同，適足以證明蓄婢之宜禁耳。

香港蓄婢問題

◉輿論第十一

我對於蓄婢之意見

愛同

前日黃君屏蓀。在報紙上登載他對于蓄婢意見。一若謂蓄婢。爲今日不能廢者。其中所引論。理由既不充足。又强牽車夫當押二事爲譬喻。其意以爲皇然議論。當傾倒舉衆耳。殊不知謬點之多。閱之有令人噴飯者。鄙人正欲逐一詰問。不料平原君又我詰駁。痛快之極。可知人道主義。漸爲昌明。而腐敗之議論。不入人耳也。黃君理竭。復登報强論。謂禁蓄婢適足以增横豬花之患。又引蓄婢之所謂坐地數開身數者。可知此翁口吻若村嫗。其慣作蓄婢主人。無怪其施施焉發出一種紳士派之言論也。今鄙人甚願追隨平原君之後。再申論以駁之。如黃君以洋務纏身。不能再辯。則請洗耳以聽。勿作此通瀾之言也。太平戲院會議之結果。所表决之五種問題。衆所否决。知以答覆英庭。不敢認蓄婢爲犯此五問題。國際上之答覆。理所當然。惟據鄙人之所見。不敢謂所有蓄婢者。絕無犯此五問題之一二條也。安可以蓄婢制度。因此敷衍了事。徒創設一防範虐婢會。便將此

三三

香港蓄婢問題

制度。不為打破也。無論如何。蓄婢制度。在我國人視之。是否立于被動地位。亦當早日廢除。蓋蓄婢之患。誠不僅在于虐待而已。將來為妓為妾。皆自蓄婢始。故欲鼓吹人道主義之下。決不容有蓄婢之制。且如楊君少泉所提議。謂為婢者之人格。剝奪已盡。為人妾所生之子。又不能與嫡子享平等之權利。故間接視之。謂為減低中國國民之人格。亦無不可。凡此種種。喪失人格。莫不自蓄婢始。故欲鼓吹平等主義之下。決不能再有蓄婢之制。為蓄婢辯護者如黃君。謂窮民迫于生計。不得已為此。一旦禁蓄。此輩已蓄之婢女。及多數之貧女子。如何安插。且人人不蓄。則彼輩必迫而鬻之于槽猪花者。適足以增其患。斯言可謂為洋務之論。誠無辯護之價值。蓋今之蓄婢者。就信其不日日毒打。然其主義。不過欲蓄之以服侍其嬌妻美妾。與小姐阿官。裝烟倒水。謂蓄婢不能廢止者。無乃恐勞其愛妾嬌兒手足耶。至謂其稍可維持貧民之生計。減少槽猪花之購買。吾謂為絕對不能。請問蓄婢制未議廢以前。貧民是否日日增多。槽猪花事業。無人為耶。而自鬻女一方面視之。又豈皆真無衣無食乎。即使與生計有關。然所以謀救濟之方法甚多。地方上為此貧女子謀教育。亦平民與社會當負之責任也。乃港地為中外觀瞻所在。不先謀解決之法。而徒曰無如內地生計何。可謂不揣其本。而齊其末。

三四

今結果只設一防範虐婢會之組織。正等防範。誠如虛設。不知從何處防範。蓋蓄婢者。類皆紳富之流。商樓大廈。[illegible]謂婢女為偷食者打之。謂其討厭者撻之。何人得而見。得而聞。不知有千萬人虐待。只有一二起為人所知也。鄙人以吾目擊者言之。吾友家中多蓄幼婢。有一嬌兒日與之戲。乃嬌兒跌倒大哭。其主婦遷怒各婢。使自揭其頭有聲。以止兒哭。又各婢屈伏椅底若干時。以引兒笑。此等虐法。不致如跪局出盖。及打到滿身血痕之慘。然亦不能為非虐待。請問日介紹人以入防範虐婢會。不若回家防範自己之愛妾之為愈也。防範會之職員。又如何入富家之深厦調査也。黃君引坐地數開身數以分別。竟謂父母能行探。則主人不致虐待。不知骨肉晚忍分離。除非將其女打至絕氣。方敢過問。至撻之賤之。以順阿官之歡喜。則其生父母。非日隨其後。何得而止之也。晚不應有蓄婢制。則此種種蓄婢法。所謂坐地。所謂開身。可置之腦後。因其不成問題也。況乎蓄婢之禁。雖無明文。而賣買人口。向有例禁。地方人士。果為人道人格計。幸努力前進。極力鼓吹。使蓄婢者自知謀所以解放。有女欲鬻者。自知設法不賣與人。務使蓄婢之制。從今日止。而一方面極力遍設女子職業學校。推廣女子職工。遇有父母欲鬻其女者。設法阻止維持。遇有販賣人口及槽猪花等事。懸賞揭發。呈區定罪。使之不敢亂作亂爲。至如當押輿車夫。其害雖不若蓄婢之慘。將來工業發達。車夫自減少。平民有生計。當押自不設。此皆題外之題。請黃先生勿過慮焉。噫，今之蓄婢者。大抵皆官僚紳富。以萬惡之金錢。便引誘貧者鬻其子女。而欲望得輩官僚富紳。倡禁蓄婢。猶之希望其倡禁蓄妾。安能得其同意也。而時機既動。將來必能連到目的。此反對蓄婢會之不能緩設也。

◉輿論第十二

評明伯恒之論蓄婢

慕法

（上畧）自數十年前，中國交通未開，窮鄉僻壤，多有溺女之風，後經有心人設育嬰堂以收之，此風稍減。迨後交通日廣，而爲婢爲妓者，且得各埠以消納之。緣是內地不特無溺奴之事，而育嬰堂收養嬰女，亦日見其少。

就上所言，則現目中國內地之交通未開者，溺女之風必盛矣。然證諸事實，適見其反，胡君不信，試一遊所謂窮鄉僻壤之地，於有女者之百人中，能證出所生女孩之多數被溺者乎。設不能，則胡君之發言，太不假思索矣

是知爲婢爲妓，雖爲賤業，而比之終世食貧，畢生受苦，則尚無事爲婢爲妓，先可免目前之苦。

胡君之意，欲將內地終世食貧，畢生受苦之女子，盡驅至通都大埠爲婢爲妓，然後快，胡君能文，猶立論如此，無怪今日未受教育之女子，流爲私娼者日見其增也。

况若再稍有姿首，更遇大力者拔而出之生天，旋作富人，固比比皆是。以是而言婢之未易禁也明矣。

婢女之稍有姿首者，其人格已盡爲富人所摧殘，其終身已盡爲有力者所禁錮，無怪胡君謂婢女之不易言禁矣

且內地連年兵燹，水旱頻仍，其中因賣女而救一家者，尤不可以指數，民國二三年，廣東警廳陳景華，有女子教養院之設。當時放婢一事，盛行於羊城，初時此風一開，凡有婢者，俾此院收去不少，因立法不善，卒有令婢女一時受人所愚，因藉口驅之逃走賣往別埠者。

法是人立的，不能因立法不善，遂因噎廢食。

當時革命初定，鄉村之擄勒，明目張胆，間有一二男女來省，思欲賣身以贖父者。迨到省因放婢一事無人敢買爲婢，致母女投生無路，進退無門，因而投海俱盡者，亦有所聞。

胡君豈忍因三數賣身贖父之女，遂大開賣女之風，

香港蓄婢問題

使韶齡弱質，無告之女子，畢生受苦乎。若然，則汝所贊成籌設之防範虐待婢女會，無加八之必要矣。

迨景華死後，此院竟隨之而終，以省城之大，敢謂無一善長，有此眼光，可繼景華之志，以昌大此教養院之設，

龍濟光苟不以潘君達微爲陳黨，則教養院經昌大十倍有奇矣。汝何得尚謂無一善長以繼陳景華之志。亦以不揣其本而齊其末，終爲無好效果。

此語宜還贈於胡君。

故不如早廢此院之爲愈也。舉此以觀，足見禁婢女會，其心則何爲加惠於婢女也，而在婢女之方面，平日己受富家之養育，如出生天，一旦使而反諸養貧，即婢女本身己非所願，又何況阻貧民一綫賣女之生路，則間接百凡之生機，將因無而盡絕。

胡君確有意盡賣所有貧女爲婢爲妓，以備富人之摧殘爲快意矣。

蓋貧民萬不得己而賣女。

貧民既有此苦，爲何胡君尚不揣其本而齊其末。

其賣女也，救一家數口生命者有之，代父母還一生舊債者有之，更或藉以而得一謀生之路者有之，致賣女之後，俟其長成嫁得一富人，終身有賴，或且提携其兄

三六

弟姊妹同登袵席者，亦常有所聞。果欲實心加惠於婢女，則於防範虐待加之意焉，救其弊，補其偏，己足盡人道之本旨。

欲盡人道之本旨，非革除蓄婢制不爲功。防範虐待云者，特齊其末耳。

其餘枝枝節節而爲之，悉見其庸人自擾，反於婢女之方面無絲毫之實益焉。（下略）

胡君能言此，深望胡君能及早覺悟，不然，則此後數語，適足爲自寫耳。

◉輿論第十三

婢女問題之解決

廢除與保留
是非與利害

靈根

邇者香港有婢女制度應否保存或廢除問題之發生，引起社會之注目與批評，香港一隅之地方人士無論己，即內地與遠方之有心世道者，亦紛紛注目討論之，是可見婢女問題之發生，實非香港一隅之事，而關于全國之事，且關于世界全人類之事也，當此新潮鼓盪之秋，(人道主義)實爲其爭論焦点，試思政治解放，勞工解放，思想解放，階級解放之聲浪、澎湃一時、即知婢女解放之要求，萬萬不能避免，蓄婢女問題，實今日人類解放與男女平等之運動所必須類推及者也，抑婢女之制度，實世界奴制廢除後惟我中國僅存之碩果，則香港今日婢制問題之發生，豈偶然哉。

考此次問題之所由生，不在地方之人士，不在地方之政府，而在統轄地方政府遠在萬里外之英國代議士及其公民，而後有香港徵集地方民意之舉，其動機雖爲英國政治上之光榮計，實亦爲全人類之文明計，味其語氣一斑，蓋情見乎詞矣。

今者距此問題發生之時期發生不遠，香港之民意銜無一致決定之表示，然從表面所見者觀之，則亦一部分保在婢女制度與一部分廢除婢女制度二主張耳。保存與廢除，二者適成兩相反對之態度也，二者均各有其理由，於是紛呶之辯論以起，是雖未至各走極端，而實不相容納矣。吾人於此，究應持若何之態度以解決之，曰，亦惟有本其各自立論之基礎以定從違耳。

天下事雖有錯綜萬端，吾人決定從違之道只有二，一以利害而定其取舍，一以是非而定其取舍是也。自其表面觀之二者一屬(功利)之問題，一屬(倫理)之問題，自其結果觀之，一而已矣，雖謂之功利也可，謂之倫理也可，然而同時對一事之採取手段，祇能取其一，而結果斯相異。孟子(仁義亦我所欲，熊掌亦我所欲，二者不可得兼，)此之謂也。故吾今貢獻吾見與游移于保存婢制二主張之間者，亦曰君等欲解決此婢女問題，將本利害之見或本是非之見決定之，此以外無所本也。

吾曾總核主張保存婢制，主張廢除婢制兩方面之言論知，其所揭示理由，雖各不止一端，而立論之分點，概不外乎利害與是非耳。故今茲婢制問題之解決，正無容斷斷爲枝葉上之爭辯，只問吾人心目中解決此問題之態度，取利害的見，抑是非的見，便可一言立決矣。

利害的與是非的抉擇，時至今日，本早已不成問題，蓋倫理學課，與諸修身科目中，既昭示吾人，而社會公意，亦早經承認同一之趨向矣。雖晚近學說，（樂利派）（實驗派）之主張，而樂利派泰斗之邊沁氏，以計量苦樂，定行為之進止，為人生最要之本務，蓋其說謂，苦樂之量有大小，取大樂去小樂者謂之善，取小樂去大樂者謂之惡，夫兩利相權取其重，兩害相權取其輕，此人類之公性也，而尋常寡識之流；往往認大為小，認小為大，遂致為小利害所貽誤，而人治遂日以不進，豈不悲哉。

試執此說以繩利害是非之當孰擇，則其結果亦無以異乎前人，并且明示何故當採擇是非之心，與摒棄利害之見矣。吾人於此，更可謂（是非亦即利害，）蓋一事之究竟，利者恆歸於是，害者恆歸于非，此歷史久已昭垂，正無俟吾人之喋喋，是是非為利害之因，而利害乃是非之果，不計是非而祇顧其利害，猶未種因而欲收其果也，嗚乎可，反之專不計其利害，祇顧其是非。則利害自循因果律而顯。由是言之，則更可謂，天下事之抉擇，只有是非，而無利害、誠以目前所見之利害、非真正之利害，真正之利害，不能任意而求，惟隨是非而生耳。

凡人情莫不愛是而惡非，亦莫不求利而遠害，故是非利害之見，乃人之本能發現也，然不明因果之律，為利害之見所蔽，是非之心徒存，至將愈求利而利愈遠，愈遠害而害愈近，此皆由顛倒誤謬為之。所以邊沁有滔滔者皆坐不善計算之歎，遂使後人有（世間本無實不得，只有智愚）之感。嗚呼，世之因利害二字而滅事辱節，身敗名裂者，有史以來，何可勝計，吾願今之人，稍一留意及此，毋蹈古人之覆轍也可。

今者婢女問題之爭論，其雙方意見之歧異，純是一因是非之見而出此，一則因利害之見而出彼，則唯一正當解決之方法，當舍利害之見而取是非之見，否則諸君今日爭持之所謂利害，將來必適得其反。雖然，是非二字之標準，亦良難言，要之以公私之界限比之，以一日之良知定之，則庶乎可矣。

更有諉良知為不足憑者，則莫如以自己所受之教育與吾人今日所處之時世，一衡吾之主張，果否訴合無忤，則亦可以決定從違。昔者蓄奴之制，盛稱文明之邦，亦曾放任行之，雖以希臘大哲拍拉圖之賢，猶且贊許其事。誠以是時之人類之良心，猶未覺悟，知識猶是因襲遺傳。然及至近世紀人權學派之說倡，則紛紛以放奴之政聞矣，間有一部分未實行者，羣且目之為野蠻，而動仁人義士之公憤，大興撻伐之師、南北美之戰・即其著例。今者環顧列邦，無一不己尊重人權，廓清宿習，而謂此不容于萬國之醜制。猶當獨培植于中國耶，顧有識者其圖之。

◉輿論第十四

再論香港婢女問題

△是一箇人道問題
△是一回文化運動
△國民人格之試驗
△港人士應大注意

靈根

香港婢制問題之發生，經逾數月，其始地方人士尚屬注意，發表言論，相互辯難，盛極一時，雖意見各有出入，而攻錯求真，足見留心社會事業者之尚有人在。曾幾何時，而默爾靜爾，屆今此問題，一若已烟消雲散，噫嘻，何港人士魄力之薄弱也，何港人士之為德不卒也。雖港中特為此問題而集會者。已有二團體，但現在進行何若，尚不聞有所表示，吾人須知茲事體非小，語其廣則關世界人道，語其狹亦繫乎我國國體與個人人格，誠非少數人可以代辦而求圓滿解決者也。且現有之兩會，除反對蓄婢會外，其維持婢女被虐會，實非對婢制問題，下解決工夫，或且予以窒礙耳。然則反對蓄婢會今後之進行，實關乎此問題之生死者也，留心世道諸君子，曷可不注意之，吾為此言，不但怪港人士中途啞然無聲，而亦怪乎號稱輿論界者之寂然不聞也。夫輿論界之論列時事，指導民氣，乃其唯一之天職，今若此，其以無關輕重，不屑注視之乎，抑以為此屬他人事，我隔河觀火也。吾恐不然。持因勢利所在，不便率直發言，恐對題要者獨得失咎耳，否則何以在此問題未起以前，反間我對之有所主張論列，以自逞其智，而在此問發生以後反緘口若金人之十二也耶。此猶不過為本港情形論耳，若夫香港以外，號稱主張正義維持人道之報，亦未見多論及此，則誠可異也。其或眼光尚見不及此，或以為香港一隅之地，無足關與世界文化人道之大問耶？嗚呼！苟真若此，其見亦左矣。予不敏，除曾貢獻「婢女問題之解決」於本報，與「為婢女問題敬告基督徒」等數篇於教會報外，尤不慊于輿論界之沉寂，特再執陳述此次婢女問題與社會前途之重要，為愛世君子告，

一此問題為世界人類文明問題之一也，人道之主，非二十世紀最光明最要緊之趨勢耶，奴隸制度之廢止，曾見于法京柏林之國際會議，黑奴買賣之爭端，曾流南北美十三州戰士之血，是世界之一致承認奴制存在，為人道之大敵者，已甚明顯。今文明各國，人口買賣，列為禁條，奴隸制度，根本廢止，何我國尚腆然獨存女之制，而公為主張人道者所許可也。

顧或者謂，婢女迥異於奴隸，故與文明各國奴制止之也，實無抵觸，蓄婢實為一種收撫孤苦女孩與救貧民之慈善事業，並無背乎人道，故應聽其留存。噫！

香港畜婢問題

爲此言者，非狃于一偏之習見，則故爲飾詞詭辯者耳。姑無論婢字之原義與奴字等，無可妄別，祇問婢制之成立，是否以買賣爲必經之手續，則此無聊之辯，已可立決。若更謂畜婢爲慈善事業，則天下之慈善事業，將皆可化爲罪惡，夫以買賣人口，役使平民，尚曰，「非奴隸制，」乘人困難，以廉價易人子女，使半生供役，奪其自由，尚曰，「慈善事業，」則天下之至惡至醜者，又焉不可以爲慈善。嗚呼！是誠人道之蟊賊矣。吾國專制流毒，階級之見，中人甚深，至今日釋放人類大聲疾呼之際，尚有竭力保存違反人道之惡制者，可勝慨歎，習非成是，全國靡然，夫又豈止香港一隅之地已哉。誠然，則香港今日之婢女問題，不特爲中國問題，亦且爲世界問題，論者烏得以域限而小之。

二，廢除婢制之運動，爲文化之運動也，自新思潮起，文化運動之聲浪，日益高呼，若改造社會問題，若提倡世界和平問題，若謀世界種族平等問題，若主張人類個性自由問題，尚以人道主義爲其焦點。若夫婦女解放之議論，則又爲諸問題之先決問題也。婢女制度，既爲人道的世界的問題如上述，而又爲婦女解放問題之一部分，是吾人寧甘自視爲文化外之動物與蠢然無知之野蠻族類則已，否則文化運動之中，吾曷可自暴自棄哉，吾國慨自三年前北京學生五四運動崛起以來，其勢如春筍怒發，其壓者震蔚雲蒸，實開千古來未有之奇局，願黑海中一線之光明。各地中凡自視爲有志之士，靡不投身絞腦，前仆後繼，以實現其主張。顧港地號稱得文明風氣之先，乃寂寂無聞，反甘落他人後，雖港地爲吾華人寄身居停，而團體性與義務之觀念，缺乏若此，未免存爲憾事，是亦一般自稱先知先覺者，對全民族之羞矣。然而環境困人，猶可告罪，若夫機會當前，尚若熟視無覩，則人心已死，無可救藥也。青年！青年；其亦知婢女問題之一事，爲香港絕無僅有之唯一文化運動的機會乎，蓋香港向有社會事業，無一具有此項資格者，故曰，香港向無文化運動，有之則將自此次婢女問題始，文化運動之機會，大多數由人造成，而此次婢女問題，則起自彼英衆議院之質問，當局者對此必求解答，其勢猶矢在弦上，不得不發，故曰，機會當前，不特此也，吾人此次運動，苟獲成功，即全國解放婢女制之實現，當必以是爲嚆矢。蓋國內各處廢除婢制之呼聲雖不弱，而國民迷戀於舊制度之下，懷疑人類之眞實幸福者仍強，是又可比較而知婢制之廢除，香港當較諸國內爲易易也。是國內他處有志之士，奔走呼號，而不獲成功者，吾人可一鼓而摧之，其影響于國內爲何如，故曰，打破婢女制度，爲香港唯一文化運動之機會，此可爲知者道，不足爲旁觀者言。然耶否耶，吾將以質諸熱心文化運

四廿

勵諸君子。

三，此問題實爲旅港國民人格之試金石也。香港爲南方巨廛，大腹賈實集中其地。一般人腸肥腦滿。但知設計賺錢。即挾筴求學者。亦無非以識愛皮西提(ABCD)爲前提。以得「買辦」「寫字」爲目的。論者至目諸制度爲商業化的。爲買賣式的。毫無文化上價値之足言。視外力範圍爲世外桃源。亦不知國家爲何物。以是之故。國內有志之士。來相晉接者。恆存鄙視之心。嗚呼。此等蔑視人格之論調若此。果旅港人士之質素若是乎。無亦風氣爲之變化耳。吾謂港人士苟欲洗此人格之恥。非圖振奮有爲。稍輟棄其業服時間。注意於社會事業效力文化運動。以與國內諸賢俊同一步調。互通消息不可。振奮之道奈何。亦曰乘時而起。利用團結力以求勝利而已。今日之婢女問題。當前之問題。世界之問題也。人道之問題也。文化運動之中心點也。吾人亟當指諸肩。置諸腦。循正義以求正當之解決。犯大難以履行人生之義務。或口誅筆伐。以當號召。或集會結社以期貫徹。此則不特千數百年來婢女虐制之幸得解除。抑國內廿餘行省之惡習。亦因之被播也。是則大國民對世界對國家之責任。成全自我實現之人格。驚醒醉生夢死者之噩夢。其功正屬無量。又豈止區區湔雪被誣之辱已哉。不然者。習故偷安。視公益若等耳邊風。視金錢外

香港蓄婢問題

事爲無足輕重。徒知[illegible]爲害。只[illegible]便[illegible]。則正無庸待國內通人之唾罵。亦已等一生于腐蠹矣。尙何榮矜之可尙哉。廣州之賭禍己消。上海之娼禁已始。是皆收功于廣州之「拒賭會」。與上海之「廢娼會」。」吾香港居民稱數十萬。豈無能繼廣州上海而起。以建白一事于全國者耶。

吾知其不然。旅居香港之國人。猶國內各省之國人也。不過以地方風氣習慣所拘。至雖有聲者亦莫能擧。蓋國人來此目的。不過問舍求田而止。他非所顧與聞。然此但患無人提倡耳。苟得一部分特達之士。脫穎而出。乘時以起。則飛而食肉。舜亦猶人。不觀乎年來工團之發達。與最近拒租之運動乎。是亦香港人士所先行有效者。其他文化運動種種。亦可作一例看。吾故謂今茲婢制廢除與保存之問題。實旅港國人人格之試金石也。見孺子將入井而不救。人皆得譏之曰「殘忍」。見行善機會而莫爲。人亦焉不可視之曰。「無人格」乎。蓋反對蓄婢之會。既已成立矣。則提倡前行者。不可謂無人。苟爲衆心理仍不加注意。一任其自生自滅。視其事若痛癢不相關。則社會麻木不亡之態度。己足徵實。雖人不謂我。我方寸天良間。豈能[illegible]告無罪乎。同胞同胞。幸清夜以思之。

抑吾猶不能已于言者。港人反對業主加租。如是踴

四一

躍。而反對違背人道主義。遺羞國體。有傷國家種族命脈之蓄婢制。乃如是其冷淡。不自娛露其勇于有利益之事。而怯于負義務之事的劣性耶。嗚呼。是亦不可已矣且首先為我國千萬之無辜受虐之少女—婢女鳴不平者。彼非我族類之外國人也。我人本自為同族同種。竟反袖手旁觀之不理耶。此情若為彼外人所窺破。則不特視吾中國人為野蠻種類。亦且無怪乎視我中國人為牛馬奴隸矣。蓋我于同族中。尚自視一部分當受援助而不幸之女兒為牛馬奴隸。則彼以其道還諸吾人。亦爲不可。先民有言。「人必自侮。而後人侮之。國必自伐。而後人伐之」吾人正日嗷嗷以責彼外國人之野心侵略吾疆土。強權凌辱我國人。又焉知我自待種族之非人道的非合理的：：態度表現。以招致其端哉。若夫主張保存婢制者。非不知此也。觀太平戲院會議時。有人偽告目擊婢女被虐之情形者。而即受他人制止。謂其一不應將是種情形。當塲宣布。致為外人所評夷譏侮。（見各報當日紀載）惜其徒知提飾彌縫。以存國體。不知去火抽薪。以自絕其令人見侮之道。亦多見其作僞心勞日拙耳。

總之今日之香港婢女問題。為旅港國人所當速求解決者。不能以身外事視之。廢除婢制。即所以表現人格無缺。廢除婢制。即所以保全國體。廢除婢制。即所以間接救國。苟吾人不甘自外生成而已。否則慎勿河漢斯言。

◉輿論第十五

防範虐婢會與反對蓄婢會　　廢五

世界潮流。漸趨向於社會主義。將見人類平等。孰為主奴。莫由分辨。而所謂富貴人家。早己等諸無何有之鄉矣。更遑蓄婢者。更誰為婢者。防範虐婢會。無乃矯強乎。反對蓄婢會。無乃多事乎。雖然。此迂論也。社會主義。現正萌動。他日結果時之若何闊樂。祇在吾人幻想中。縱便循軌而行。猶不能按日計程。達其所止。吾人置身現社會。亦惟有盡厥大職。培養其萌芽。而與潮流相週旋而已。是則二會之是非。又惡容己於論列哉。彼曰蓄婢習慣也。吾將曰虐婢習慣也。既曰維持習慣。是不曾亦維持虐婢習慣也。若曰保留其蓄婢習慣。而防範其虐婢習慣。吾不知彼其何等權力。甲何種手段。而能收防範之功也。無亦助長虐婢者之習慣己耳。閱者疑吾言乎。請伸吾說。夫蓄婢者非所謂富厚家耶。蓄虐而之。發在其我。固無虐他人之干涉。距料物極則返。竟來外人之責言。乃不得己而立此會。以為掩耳盜鈴之計

。若可敬尤可鄙也。為問發起此會之諸君。曾亦知加入此會為會員者。多是蓄婢之人乎。既多蓄婢之人。則難勉有虐婢者。可斷言也。若輩既成其虐婢習慣。而謂一入此會。便獨棄其習慣乎。必不然也。吾恐若輩異日。仍習其所慣。致或被發覺。將振振有辭曰。吾某會會員也。何至爾爾。人亦曰。彼某會會員。未彼爾爾。則無告之婢女。更深陷一層地獄矣。可哀也夫。孟子曰。如知其主義斯即己知。何防範為。非然者。無當多加二字。謂為防範虐婢發覺會之為愈也。養尊處優。頤指氣使。人非至愚。疇不欲者。而反對蓄婢會諸君。竟唾棄之。是君等之愚也。苟諸君為良心所驅使。不忍苟同。亦各行其是可矣。反對胡為者。且反對云者。待對之謂也。處茲惡濁。合言公理。金錢萬能。何之不可。吾願諸君。破除見。改此會為不蓄婢會。從片面進行。鑑彼醜形。或令他有覺悟之一日。雖未能從根本解決。而可憐之婢女。受賜已多矣。而必從反對着力。則是諸君沽名。市此不可必之恩也。吾故防範虐婢會為矯情。而謂反對蓄婢會為多事也。

◉輿論第十六

解釋廢五先生論反對蓄婢會之誤會

後雨

日昨拜讀廢五先生評論防範虐婢會與反對蓄婢會之大文章。登於大光報十月三號之第一版。甚服先生評論防範虐婢會是矯強。是助長虐婢。是掩耳盜鈴計。是防範虐婢之發覺。透闢陳詞。如陳鏡高。洞燭心肺。如溫嶠燃犀。循照怪異。詞嚴義正。足令閱者擊碎唾壺。然鄙人不能已於言者。廢五先生既知婢子之受虐。防範之虛僞。正宜不讓批茶專美於前。協同反對蓄婢。維持人道主義。大發偉論。喚醒人心。使婢女早脫苦坑。為中華民國洒此污點。豈宜徒作壁上觀。不動一指。轉謂反對蓄婢會為多事。只為反對云者。是對待之謂。似是誤會矣。夫反對者。即絕對不贊成之意也。對待則含有對敵之意味矣。有人於此。待我不良。吾不服其所為。必曰吾必有以對待之。易言之即曰吾必有以對敵之。此對待之意義也。比如社會上聚議。甲所提議。不合乙意。乙不附和。則曰吾反對此提議。此反對之意也。若謂以不蓄婢為提倡。鑑彼醜形。或令他有覺悟之一日。不知世之不蓄婢者。己居少數。彼貧者固無論矣。即富者放婢不蓄。豈患人之不知。而究能感人覺悟者幾何。彼亦徒

香港蓄婢問題

笑其放婢與不蓄婢者之不知享福。不識素富貴行乎富貴耳。覺悟乎何有。況廢五先生亦知此爲未能從根本解決。則可憐之婢女。何能多受賜乎。此議既非根本解決之法。則何者爲根本解決之決。當亟籌之矣。今反對蓄婢之宗旨。是從根本解決之法矣。而廢五先生又謂爲沽名。苟人人如此論調。則禁賭博禁鴉片禁纏足。皆爲多事矣。皆爲沽名矣。天下尚有可爲之事哉。倘林肯本此論調。獨善其身。則美洲黑奴。至今亦無釋放之日而批茶之提倡。不幾徒勞無功乎。進而言之。凡一切慈善公益事業。不以多事沽名目之。鄙不屑爲。則天下不幸之人。尚有望哉。不良之俗尚能改哉。雖世之爲慈善公益者。未必盡無沽名釣譽之人。而寧無沽名釣譽之心者。亦非無人也。固不容一概抹煞也。況三代之下。惟恐不好名。即因好名而爲慈善公益。能施濟於人。能改革陋俗。亦愈於故避沽名之嫌。而不動一指也。亦更愈於放棄天職。而以嫌沽名爲掩飾計也。吾願廢五先生。毋以多事沽名市恩等名詞。作放棄之粉飾。甘爲自了之漢。毋以反對意義。作對待解說。而起誤會也。

◉ 輿論第十七 四四

答後兩先生之解釋

廢五

辱承解釋。莫名感佩。足下行文。極盡抑揚擒縱法。廢五無文。瞠乎欲後。況獎飾逾量。彌滋愧悚。惟貴備處似嫌未富。不得不獨爲答復。以作解釋之解釋。吾人論事。祇本良知。知罪固無所容心於其間也。足下解釋反對與對待之意義。敬聞命矣。然吾猶有疑焉。吾聞之也。議論提議。反對者與贊成者。得立於對待地位。各挾其理由以爲辯論。至決議後。贊成與反對皆不成問題。若敗決者有所不服。須另提議案。要請複決。假此使疑含有對待之意義矣。不特此也。設有人焉。亦集其所私。立一贊成蓄婢會。以爲反對蓄婢會之絕對對待團體。則反對蓄婢會將何以處之。甯空言不贊成之而已乎。抑謀所以對待之乎。此反對疑即含有對待之意義矣。此吾之所疑者。願足下再有以解釋之。夫人之欲善。誰不如我。誠能動物。何況於人。他人之覺悟與否。視吾人之能誠與否耳。若必其無覺悟之一日。足下之言激矣。婢女制之應革。稍有人心。無不贊成之者。惟事體重大。非有澈底根本辦法。不易圖功。吾之謂爲未能從根本解決者。非徒對吾所言而言也。亦兼對反對蓄婢會而言[illegible]。[illegible]之所謂[illegible]本[illegible]法。亦[illegible]得止[illegible]之法耳。諸香港一隅。猶不能收其全效。而謂能從根本革除中國之婢女制。抑何若是其易易也。若以禁賭博鴉片纏足等比其難易。相去直不可以道理計。且烟賭之禁。為時已久。尚未能根本肅清。其更難者可知矣。今之反對蓄婢者。苟不知其難而妄為之。或知其難而輕率為之。皆無濟也。謂為多事沽名市恩。已忠厚已矣。若謂如吾論調。等於放棄。吾意得適其反。使盡人皆能不其所當不。而可其所當可。則天下事何不可為者。林肯批茶。不猶是耶。至以吾為壁上觀。為放棄天職。為自了漢。則吾豈敢。廢五雖駑。亦嘗服役於社會。計逾十載矣。箇中苦趣。實備嘗之。雖不言勞。竊足自恕。所欿心者。學術荒陋。筆鈍如帚。對於國家社會利弊。不能多所論列。惟恃口舌辯論。二十餘年如一日。未嘗或倦。以自勉耳。吾之為壁上觀。為放棄。為自了漢者。亦祇不屑作權利之爭。及無意識之鬨而已。掩飾云乎哉。抑尤有言者。足下謂無以反對意義。作對待解說。而起誤會云云。斯誠誤會矣。吾請先為誤會之解釋。夫誤會云。意見不能相容。而有所抵觸之謂也。吾之主旨。是以不字為反對二字作比例。極其量不過分道而馳。其歸則一。固無所言誤會也。縱使反對與對待之意義為不合。亦祇誤解而已。非誤會也。足下誤以誤解為誤會。故吾不得已為此解[illegible]之解[illegible]。[illegible]而言之。凡[illegible]於社會[illegible]。勿動一指。便呈得色。須知臨茲艱巨。合力謀之。猶恐不贍。若妄生意見。是自寡其助也。足下天人。常見及此。吾亦以無放棄。毋粉飾。更以毋畏難中止。為足下勗足下勉之。吾將驗足下之言行。而觀反對蓄婢會之進行。

◉輿論第十八

反對蓄婢之我見

栩然

昨閱廢五君論防範虐婢會與反對蓄婢會之意見。可謂先得我心。然其意義。猶有未盡者。盍再伸之。夫反對之者。即兩方面對峙而言。必使其他一方面。有受此反對二字之影響。或得其他一方面。有承認此反對之理由。使反對方面。能發表其反對之能力。換言之。即無形之攻擊也。今反對蓄婢會。只係約束其個人不蓄婢而已。當然無反對之可言。然則反對二字。指對於蓄婢而言乎。吾恐蓄婢者必不以他人之反對與不反對為增損。是亦反對者自反對。而蓄婢者自蓄婢矣。豈不失其反對之作用耶。不獨此也。反對蓄婢會。以其為拯救未來之婢女

香港蓄婢問題　　四六

剩可。以其爲拯救現在之婢女則不可。何則。蓋其宗旨。只係反對未來蓄婢。而未思及有以保護現在之婢女。此所謂治標忘本者非耶。方今熱心人士。羣起提倡劃除婢制。間或有一二蓄婢之家。恐遭物議。從而轉鬻他人。一時此買彼售。更相爲利。而令此可憐無告之婢女。更多受一重折磨。豈非欲以拯拔之者。而反增其罪戾耶。

且反對蓄婢會。不能阻止其不入會者蓄婢。而蓄婢者欲保存其蓄婢地位。故亦不願加入斯會。是則斯會必集合多數不蓄婢者而設。可斷言矣。既爲不蓄婢之人。則不反對而自反對。又何待入會而始反對耶。入會後亦未有反對之表示。與不入會又何以異。反對蓄婢會諸君。雖具此熱誠。曾亦知於婢女方面無補耶。試觀諸君自發起斯會以來。港地蓄婢之風。亦未嘗因之稍殺。虐婢之舉。更時有所聞。倘長此依樣胡蘆。未必能收効果。當此人道昌明。婢制問題。當然不能存在。然我國此風。沿習己久。恐一旦不易革除。將來或有更飾其名而取巧者。此禍終無己時也。鄙意以爲揚湯止沸。不如去火抽薪。當先從根本上入手。將斯會改設爲禁止販賣婢女會。稟請政府設法嚴行禁止販賣。以杜其本源。一面再籌如何保護現在之婢女。雙方並行。則此蓄婢問題。不達於劃除不止。勿徒爲隔靴搔癢之言。斤斤以此無効力之反對爲事也。

◉輿論第十九

告懷疑「反對蓄婢會」者　　靈根

自香港反對蓄婢會組織以來，已逾三月，其實際上進行若何，姑置勿論，而默察社會情形，表同情之者固多，懷疑之者亦復不少。（懷疑云者，非反對之謂，乃對于該會之組織，有未了解其原意，或對于該會辦法，有未能充分贊成之謂），夫懷疑爲求達眞理之門，一般人具此態度，不遽苟且附和，人云亦云，較之曩昔風氣，純持情理主義者，其程度進步，何止以尺寸計，是亦社會現象可喜者也。觀諸本報廢五栩然二君之一再投稿，誠足以代表懷疑派之心理，其所云云，堪爲主持反對蓄婢會與其表同情者之切磋，而致進行有當，如此，則爲反對蓄婢會同人所感謝之不暇，寧有如廢五君第二次投稿所云，妄生意見，以自塞其助之意也哉，不佞之對于反對蓄婢會，雖早已加入，然對于假定之種種辦法，懷疑者尚所在多有，然則其地位之一方面，與一般懷疑者，因無以異也。不佞表同情于反對蓄婢之意見，豈止再爲論，發表于本報，以爲拋磚引玉之導線，引起黯明人士之討議，以其反對蓄婢會之有所採擇，今何幸得廢五棚然二君之迭爲表彰高見，匡我不逮乎。前不佞謹將一己之見，就二君所懷疑者答復一二，固不敢謂爲盡當，亦聊本切磋求益之義，就正于有改造社會之同志已耳，

通觀廢五棚然二君對反對蓄婢會懷疑之點，可得概括如下之簡明意念，

一，反對蓄婢會，不能發生反對之効力。

二，基上述原因，當改名爲不蓄婢會；或禁止販賣婢女會。

三，既不能空言反對，只有從一己實行不蓄婢，以相形蓄婢者之醜；則婢制尚易消除。

四，稟請政府設法嚴行禁止販賣婢女，以杜其本源，一面再籌如何保護現在之婢女。

五，有反對蓄婢會，或更令婢女多受一層轉賣之折磨。

六，有反對蓄婢會，恐將來或有更飾其名而取巧之流弊。

七，革除婢制，須妥籌澈底根本辦法，現在反對蓄婢會所定辦法，不適於用。

八，革除婢制，既屬難事，若不知而妄爲，或知其難而輕率爲之，則是沽名市恩，多事。

香港蓄婢問題

上述八點，皆廢五棚然二君懷疑于現在反對蓄婢之大端，味其意旨，實惟恐對婢制反對之不力，而非反對婢制爲不當者，有可斷言。反對婢制之宗旨既同，而懷疑之點又何在，則可謂二君所懷疑者，反對蓄婢之名稱與反對蓄婢會之辦法，而非懷疑反對蓄婢會也。

夫名不正則言不順，言不順則事不行，二君懷疑反對蓄婢會之名稱，正所以期其符于事實也，二君之意以爲，「反對」二字，即「對待—對敵」或「無形攻擊」之義，一方面既無「贊成蓄婢會」，或「蓄婢會」，則反對之影將向誰加，反對之能力既無由發表，則「反對」云者，非放無的之矢，效無病之呻吟哉，此二君不滿于反對婢會之名稱，因其無承認此反對理由之一方面者一也。我儕平民，手乏斧柯，無權無勇，縱令熱血滿腔，認蓄婢者爲違反人道，亦不能施以攻擊，只可徒呼奈何，否則將爲法律所不許，是徒言對待，亦至無益，此二君不滿于反對蓄婢會之名稱，因其含有對待—對敵之意味者二也。若吾意則以爲欲知此二端之是否，首須明反對婢會所立之對象。夫反對蓄婢會之對象。非蓄婢者各個人，亦非與之對峙之，「贊成蓄婢會」，（事實上自無此，此處不過借言）乃反對社會上存在之婢制也。社會上有婢女制度，即不啻社會上有一部分人贊成蓄婢，默認

四七

蓄婢爲合理之事，故一部分不贈成有婢制存在者，反對之也。是此反對云云，乃反對其制度之意，謂爲不贊成婢制可，即謂爲對待對敵婢制，亦無不可。蓋「反對」二字，兩義並包，而社會之惡制度，任何人皆有反對之權利，吾人固不必諱言，「對敵」二字，而懷疑于反對蓄婢會之名稱也。抑名詞小事也，因一字每含多義，吾人固不必斷斷予辦析毫微，亦只求得其最近似者足矣。猶憶反對蓄婢會定名之初，已經此級手續，最後乃改今名，僉謂求能包括宗旨意趣便足，如須解釋，自可向章程探討。吾意今後對于是會名稱，有以爲不足表明全部宗旨者，可向章程探索，亦一便宜之事也。

吾于上文已指出廢五栩然二君對于婢制主張應革應除之宗旨，與反對蓄婢會同，此大前提既明，則見地與辦法不同之點，自是枝葉的問題，當尤易予解決融和，二君對反對蓄婢會懷疑之點，皆此類也，茲吾試更逐一表出爲同立於懷疑地位者揚榷之。

一効能問題　効能發生于實力，實力強弱，視乎組織之健全與執行之優劣而定，另一部分繫于採用方法若何，如是，則一事動作，斷斷不至全無効能之理，只有分量多寡及適合所求而已。反對蓄婢會之組織，既純是對婢制而立如前說，則反對之所施，自與無的放矢不同，是適合與不適合，亦自無問題。故反對蓄婢會苟不停滯其進行，則効能之實現，終有可期，(因其具可能性)謂因其魄力薄弱，不能遠至打消婢制之目的則或然，謂其絕不能發展反對能力則不可也。又每一効能之發現，亦有其序，爲造成反對婢制之輿論，減輕婢女之買賣率，此反對蓄婢會希望達到之初步也，請願婢制之禁革，運動婢女之解放，此反對蓄婢會希望之究竟也。栩然君謂反對蓄婢會「只係約束其個人不蓄婢」一層，似有誤會，觀反對蓄婢宣言書自明。

二改名問題　名者實之賓，實不稱名，斯名當改，二君以反對蓄婢會不能發表其反對之能力，則「反對」二字，固等于虛設，不如改爲「不蓄婢會」或「禁止販賣婢女會」，本以進行，較有實際，此二君主張改進之理由也．但照上文解釋「反對」二字，及上條假定反對蓄婢會非不能發表反對能力之說果不謬，則反對蓄婢會，絕無改名之必要明甚。至二君之主張改進，固亦自有其理，吾請得而評之，——下三四兩條。

三改進辦法——不蓄婢會——此廢五君之主張也，其意謂反對蓄婢會既無反對之實，則不如破除成見，以名副實，改此會爲「不蓄婢會」，從片面進行，以鏡照彼蓄婢者之醜，反可令其有覺悟之一日，而收革除婢制之効。此老誠閱歷之見，與夫仁者之用心，誠足令吾人心儀無已。無如近代社會改革，潮流急激，對于一切不良之惡制度，僉以主張撤陷清廓為前提，再不能如往昔古人措置諸事之成規，動持緩和之手段，以致扶得東來西又倒，蹈[illegible]貽患之譏，蓋今者世界改造之呼聲急矣─局部之問題解決，尚嫌其無功，而以「大同盟」「總解決」等為唱，此古今社會現狀之不同，勢也，吾國今日既有一線之覺悟，亦何能外此，況奴制之廢除，全球幾已一致，獨吾國尚存，則此蓄婢之制，不能等諸起居飲食之習慣，聽其自然趨向者，又一因也，時至今日，猶不解所謂文野之分，死力擁護惡制度之殘，而尚謂聽其自然覺悟，「俟河之清，人壽幾何，」吾誠未知其可，此吾以為「不蓄婢會」只從片面進行，獨善其身，「不顧他人瓦上霜」之改革婢制辦法，實不如反對蓄婢會之持反對態度，亦兼包容以身作則─不蓄婢─之辦法為愈也。

四改進辦法二─　禁止販賣婢女會，此栩然君之主張也，其意因疑反對蓄婢會失其反對之作用，不如將其改設為「禁止販賣婢女會」稟請政府設法嚴行禁止販賣，以拔其本源，一面再籌如何保護現在之婢女。栩然君且認此為根本上入手辦法，苟雙方並行，則此蓄婢問題，不遂于剷除不止，誠哉是言也，然又焉知如此之主張，則反對蓄婢會之主張乎，反對蓄婢會之宣言書所定辦法，固有聯發請願政府明令頒布廢除婢制之一條，與代籌如何保護及解放現在婢女之數條也。意者栩然君只見反對蓄婢會之簡章，而未及見其宣言書，故以反對蓄婢會只是空空洞洞之空言反對乎，則又怪其為是言，吾知一經剖示，栩然君亦且為之軒渠浮一大白，以歡迎反對蓄婢會矣。尚有一言，不得不指明者，在栩然君主用「禁止販賣」之名，實以為婢制之成，成于買賣，買賣一經禁止，則婢制不成問題，然在不佞之見，適得其反，不佞以為婢制一日未打破，則一日不得根本剷除此惡習。蓋雖社會上有為婢及蓄婢之人，其起源皆生于人口買賣，然其所以為此買賣之故，以有此制度在也，若徒知禁止買賣婢女，則婢女制度終存，則又焉知[illegible]者不可避別處買賣，而在此處實用乎，是單純禁止買賣人口，不能除此惡習，祇有剷除婢制，以法律強制執行，而後此惡習可絕跡耳。

香港本早已頒禁止買賣婢女之例，故現在香港過手之婢女身契，無一不避去「買賣」字樣，而代以「送回養」酬金或哺乳金者，且名此等身契，不曰身契，而曰「送帖」，是其縱不于別處過買以瞞例，亦可別立名目以取巧，此徒禁止販買無當之證也。即徵諸國內，買賣人口，亦本為法律所不容，而婢女之買賣，何嘗見其稍受限制，藉曰此有法不行之過耳，非此法不足以限之，則苟使其黠者亦如香港之別立名目，或竟連送帖亦取銷之，有何不可，然而實際則仍存惡習，吾人欲拯救被虐之婢女，終不可期，以婢女制度尚在，蓄婢者得有所藉口，謂吾之婢非由買賣而來，實由其父母無力養育以送于吾，或他人轉送與吾者耳，如是吾人又得何以難之，且買賣云者，不過數元至十數元之身價而已，賣女者實早已等于斷送矣，或因恐法律限制之故，竟直為敬送之手續，則吾人援引法律，又奚能以一買賣之跡繩之，蓋賣女者皆出于無力養育與重男輕女為之動機，以如是之人，又奚難以己女自送于人哉，故吾恐買賣雖禁，而婢制猶存，則此蓄婢之風尤盛，故可斷言者。是故欲剷除蓄婢之風，非徒禁買賣人口可收其効、必根本的明令廢除婢制，而後蓄婢者無可藉口取巧也，否則吾得而止之曰此婢也，非若女也，若不能使其供役而不給其工值，更不得虐待之，因其固有法定的自由權也，如是婢之問題，然後可達完全解決之目的焉，

五障礙問題　反對蓄婢，原為拯救婢女之痛苦而設，若因是而反致為婢女者多受一層之痛苦，則甚非持反對蓄婢主義者之初心，此栩然君所以有「或因蓄婢之家恐遭物議，從而轉鬻他人，則令此可憐無告之婢女，更多受一層折磨；」之論也。此等障礙，或亦一時過渡所不免之現象，然按諸反對蓄婢會宣言，似早已見及乎此，蓋其所擬辦法，極其和平公道，並不主張與蓄婢者以難堪。（即請願政府調查註冊，將其契約取銷，使此後不得以奴婢相待而已，至蓄婢者仍可留用之作傭婢看待，因另有從實情酌定其服役年期之辦法，）假此不過[illegible]令蓄婢者不得為虐人之事而已，實際無損於彼，恐非[illegible]歐其行者，尚不至有因是轉鬻婢女之事也，否則縱無反對蓄婢會之提倡，為彼所蓄之婢，亦至有其難堪之折[illegible]矣。且凡一事之舉行，勢難得鈍利無害，吾人亦祇能[illegible]其輕重以期其最大最公之利耳，若因反對蓄婢，而令[illegible]女轉鬻之障礙，盡其量亦只一時少數人遭不幸，吾人為全人類前途着想，似不能因咽而廢食也。雖然，人人[illegible]亦能為栩然君之徧搜冥索，預覺其弊而提出使知極力謀畫以防閑之，亦促進反對婢制之効良多也。

六流弊問題　此端亦栩然君所慮及者，意謂反對[illegible]婢會成立而後，恐將來或有更飾其名而取巧之流弊。夫一法立，一弊生，社會頹風至此，實堪浩歎；此社會之罪惡，亦祇有讓諸別項之根本療藥之，吾人似不當以投鼠忌器之心，因之而對種種不良制度，目笑而存之也。蓋即如栩然君之主張，改此會為「禁止販賣婢女會」亦安能禁歹人之借名取巧乎，識者惟有更因是者謹慎將事已耳，質諸廢五栩然二君，以為何如。

以上諸條，不過本不佞個人之見，平心論事，為一般為是見解者略加解釋，非所以擬于答辯也。誠以茲事體大，不厭求詳，而人各有責，不庸推諉，蓋婢女慘痛

呼籲之聲，己高徹雲際，婢女解放之機會，亦己在目前，仁者皆有對被壓迫一部分人類痛苦表同情之義務，固無俟激刺強辯爲也。故第八條廢五君目反對蓄婢會爲「多事」「沽名」「市恩」等語，吾實不敢置一詞，以將來事實自有爲其辯護者在，否出我雖辯恐亦陷于失言之咎矣。至反對蓄婢會所定之辦法，己足適用與否，吾亦以爲有愈研究愈美滿之處，改當留爲別論，邦人君子·幸有以敎之。

◉外論第二

英報對於香港奴婢問題之言論

英國道德及社會衞生會機關報斯路號著論。論及香港之奴婢問題。該報先引國會議員獲副將及夏斯活師奶兩人提出此事。及各報著論力斥一切之後。續聞禁阻賣買童孩制度。有種種每每難辦理。因其均以養育爲藉口。華人多因貧乏而將其兒女發賣。俾得項欵幷簽契約。其內有一款。如是女童。則不能轉沽爲娼。於利便轉此款多有不理。而女童賣之入娼寮者。己成爲一種事業。此人所共知者。據謂中國之內。祇香港准許公然販賣人口。但無論此說是眞確與否。香港實爲婦女買賣之中點。雖有華民政務司署之保護。凡女童年在十九歲以下者不准當娼。而女童仍多被賣入娼察。此等女童。多目不識丁。一被其主人恐嚇。即照彼等所囑咐之年歲報告。亞馬利副將亦承認歐人殊難估計其年歲。華人因非常貧苦。始將其子女發賣。自交國北荒發生後。買賣女童之事大爲加增。每人約價五元。轉賣則常得欵約二十元。由此觀之。則此項生意大有利可圖。若此等女童一入不法者掌中。則祇有圖利。彼等之一生將不計及也。香港對於此事。倘爲例外。殊屬奇異。據說且常有拐賣童孩之舉發生。香港幷無強迫敎育制度。亦無例保護童工。香港潔淨局分股委員近來呈請凡年歲在十四歲以下之小童。在工廠之作工時間。每日不能多過十點鐘。但被英政府所拒。謂因敎育未能設立普及。故規定此舉實屬不宜。因此小童在工廠作工之時間非常之久。而無例爲之保護矣。副理藩院大臣亦經承認香港幷無管理小童作工時間之例。日本現目己提出議案。規定童工年歲在十四歲以上及限定每日作工時間爲九點半鐘矣。夏斯活師奶現請組織團體。涵過議案。請政府設法禁阻云云。

香港蓄婢問題

普樂君對於養婢問題之意見

定例局議員普樂君。昨因婢女問題。投函於孖剌西報云。記者足下。自華人開大會研究婢女問題之消息傳來後。一般如僕之勠于搜集各種事實者。均視爲佳音。惟不幸而受下言兩種原因所打銷。(一)大會之召集。公然爲保存華人習慣起見。及(二)擬於大會提出之問題。非冀能爲婢女問題探本求源。及搜察由該習慣而發生可能有之弊端。細味大會所研究之六欵。第一與第五不獨搜察不詳。更似足令英京議院有等議員懵然不知所從也。第一與第三問題之措辭太過概畧。第二問爲婢者是否爲奴。應改爲買婢者對於婢女有何種權限。第四問之答語殊耐人尋味。惟英領士政府之如何辦法未能決定。第五問之答語則明明爲否。蓋凡虐待他人。無論是否婢女。均屬違法也。至僕獻議。以爲華人大會應提出下列。(一)買婢者是否全權管轄之例。如是否有權令其(甲)作彼之妾。(乙)作彼之婦。(丙)爲彼管理一切家務。(丁)括言之從彼指揮而作不犯法律之各種事務。(二)是否每買入婢女。係爲經濟原因欲得廉價之勞工而已。(三)買婢問題是否有時假爲藉口買婦。專爲作娼起見。(四)買婢者能否將之轉賣與他人。如將之轉賣。婢之父母或將之賣出之原人能否參與磋商。(五)婢之父母或將之[illegible]出之原人如欲[illegible]回婢女。即將之贖回。則有[illegible]等限。(甲)由原賣主贖回。(乙)由轉手買入者手贖回。如以上各問題能完全答覆。則余輩可自行審察於英國屬土中。(一)婢女之情狀爲何若。(二)婢女之習慣應完全續行。或根據現狀續行可也。

五二

華民政務司與某訪員之談話

余(訪員)與羅君討論婢女問題。(問)近來本港自太平戲院大敘會討論婢女問題後。或華人代表劉何二君曾議組織一(防範虐待婢女會)而同時教會中人又議組織一禁止蓄婢會。(該會實名反對蓄婢會。禁止二字。係訪員誤會。)兩會固處於反對地位。司憲掌管華人事務多年。且常與華人接洽。當能知我華人之習慣之風俗。對於婢女問題。當有良好之意見。請將司憲之意見表示何如。(答)余甚喜歡將意見表示。余對於中國人蓄婢之例。斷不能革除。今欲革除蓄婢習慣者。其所持之議論。(甲)爲主人虐待。(乙)主人如悅其容貌。可以納之爲側室。不外如是耳。更有云。請皇家取締此陋習。恢復婢女之自由。所謂恢復其自由者。改爲月中給以一元或五毫之薪金。余極不以此爲然。因給以一元或五毫之薪金。主人使可以不虐待之乎。其婢子之自身便可作爲安樂乎。未必然也。直掩耳盜鈴而已。余以爲對於保護婢子問題。無論立一會發一議論。及報紙上。均要幫助婢子之安[illegible]之[illegible]正安[illegible]。方爲的[illegible]。至云婢女十六七[illegible]可以[illegible]助其主人做工。夫那知婢女到十六七歲時。主人便要將其遣嫁乎。最慎者十歲以下之婢女耳。彼等又云。十歲以下者可交回婢之父母。譬如其婢之父母又係貧無自養者又如何。此誠須爲根本上之解决也。足下知前兩禮拜新界發生一虐待婢女而致令婢女逃走之案乎。此案由卓大人辦理。婢女逃走爲差所獲。解回新界理民府。該婢自供其所以逃走之原因。完全爲主人鞭撻等語。後婢子之母到署將女領回。卓大人問之曰。汝今領回此女如何安置。則直答之曰。我家窮唔窮唔賣女咯。今取回此女。又是轉賣與別人。吾人極贊此婦誠實不欺。然觀此可知（交回其母）一說爲不足靠。如此辦法。不外令婢女多賣一次身。婢之母多收一注錢。而實際上婢女仍無何等實利益也。天下事亦夥矣。然凡事必有好有不好。必不能得完滿十足者。因鞭撻婢子。即視爲虐待。懸爲例禁。余極不以爲然。蓋凡人之品行各有異同。余嘗見打子女打老婆者亦多矣。何止打婢女。若因人之打婢女。而遂將婢女禁絕。稍有知識者諒亦必不以爲然。最好係華人報紙對於婢女問題。須爲婢女本身之安樂着想。如知有人虐待婢女者。鄰近一知即往稟差館。則幫助婢女多矣。他日防範虐待婢女會成立。有虐婢者可往此會投訴。不必另去見幫辦及官員矣。（問）政府亦有設法幫忙婢子否。（答）當然爲之設法。但吾人以爲婢女之事。中[illegible]人[illegible]主人[illegible]。刻下如何[illegible]。[illegible]中[illegible]人出[illegible]維持之。如果維持不來。三兩年間虐婢之事不減少而反增多。那時政府方着手辦理。然本司敢信足下將此言登錄於報紙上。各華人應要認眞檢點實行。自己維持。不至要政府出而接理者也云云。談話既畢。時鐘已五點。訪員遂興辭而出。歸而濡筆紀之如右。

麥于治牧師對於婢制問題之演講

十六號士蔑西報云。前禮拜日麥于治牧師在於仁會堂宣講。引聖經加拉太書三章廿八節。「無論猶太希利尼主僕男女。其爲宗耶穌基督一也。」其演說詞如下。耶穌基督生於種族社會階級分別最嚴之時。而自稱然人子。首倡上帝之前無種族畛域之分。無男女老幼之別。均一視同仁。故眞理實不容有奴婢之存在。蓋蓄奴之事。實有乖人道。是以基督教會之於奴制。不能容其繼續進行。故即使其爲奴爲婢。而教會視之乃與衆平等。同稱爲完全釋放之天國選民。以是之故。基督教亦不容有一夫多妻之制度。以此制與蓄奴制實同一爲人道上之汚玷也。男女之別。本成自天然。主奴之制乃成於人事。實不可同日語者也。基督徒一經承認男女平等之教義。即承認男子不能降低婦女之人格。亦不能使婦人作妾。蓋凡爲妾者。無異居奴隸之地位。故婢妾之制。實蹂躪

香港蓄婢問題

人格之所爲也。予敢斷謂無一男子旣認女子與之平等。而能公然納之爲妾者。亦無一女子於知己爲上帝之兒女。而甘作人妾者。雖爲人妾者。或可僥倖多享佚樂之康福。然無論其所享樂實若何。而終已喪失人格矣。即爲奴者有時亦可得受良好之待遇與優容。惟自根本上視之。則完全受約束與不平等之待遇而已。予之所以合奴制妾制同論者。良以其相生相成。且同爲基督教所不能承認爲合理的事。蓋此等制度。實汚蔑人格。而基督教則欲成全人格者也。

近聞華人中之有勢力者。謂英國國旗下雖不應有奴制之存在。而「婢女」之制。則與奴制異。予亦信少有不同。不過予終覺除!「奴」字外。終難覓得適宜之字以名之。否則誠恐有名義與事實相違之處。蓋「奴」字之一義本多歧。而「奴」之制度亦無一定之變更也。吾人於此一道。及奴字。不禁觸及美洲西印度等處販賣黑奴之感想。然中國家庭蓄婢之制。其慘酷或尚不至于此。故今日直視蓄婢爲奴制。不免遭一部分人之反對。惟舍此不用。則此等不幸之女童。由己家而被賣入他家之真相。竟莫由遂出矣。至港政府答覆英京衆議院之質問。有港中並無買賣奴隸之語。試思在英倫之人。一無所見。何由辨認。否則其感想將何如。此無他。不外字義之不同。致事實莫能暢達。遂令此報告流于虛假耳。港中雖無買賣人口

之市場。亦無獵取奴隸之販子。更未有當衆鞭笞奴隸之行刑。所且明令申禁拐帶。但間亦有拐案發生。而爲人父母者。亦間因飢寒困迫。而忍心賣女。惟有人格者。寧見其女之亡。亦不願使其受爲奴之束縛。有若是之買賣。縱不爲奴隸。亦斷非完全之國民。試舍奴隸之名。果將何以稱之。而解釋奴隸之意義哉。

昔林肯有言。「無人當以不公正之威權約束他人」今予亦請以此語畧改之贈諸蓄婢者曰「無一婦人應以華人蓄婢之權約束他人」雖無人否認多數無主者善視其婢。亦無人否認黑奴之得佐治及加路連公塲優待。但人生所最要者爲公理。非待遇。若以爲一人之幸福得安樂。或憂悶全視其主人之良惡而定。則謬甚矣。若以爲任由女童之命運而得其幸福及品格。亦殊屬危險。而兼不仁。至虐待他人一層。固法律所禁。與公意所不許。然不法之施。受盡許多。尚未得警察與隣人之救助。則此無知無援之孩童。又將自向誰求助乎。彼或亦知此爲各人應予援助之事。然亦徒爲之無奈何耳。予深信婢女被虐之事。定多于意料所及者。因其事見固不少。而受判定案者則寥寥耳。英旗之下。此制度本不應存在繼行。不良社會之習慣。當然破滅。此制度歐洲經已廢除。中國亦不宜容其久留。曾見一華人于此事會議時。發出非常之善意獻議。可惜良藥苦口。忠言逆耳。未見採納。而好利用

康健長工之人尚多。予願一般蓄婢者自察潮流而速猛省。乘時開仁。釋放奴婢。不至坐候强逼解放而後行。總之此種制度已屆消滅之期。而多妻之制。中國亦還打消。一如各國。而制實爲東西兩方形勢上之大障礙。因一方面經已超脫此制之外。一方面尚屬沉迷其中。致女界之品格與國民之資格互相背馳。更令兩方交誼多形不便。乃者新中國已見及乎此。而謀防範之。可見新中國强盛之時。此婢女制度定遭滅絕。當中華民國成立之初。廣州曾爲一度善政之顯現。欲試行消滅此制。改寺觀爲教養院。以收養彼釋放之女子。雖未久即見中止。惟吾料隨時可見其後興。然則英屬且奉督教之香港。對此善政。將反落中國一省之後也。反對蓄婢制度之會。刻已爲社會所注意。蓋華人中之保守者。亦承認此制之當改革矣。今者羣衆之正誼已漸次聯合。與不良之習慣抗。其勢殆猶貓之於鼠然也。蓋此舉無過欲制止將來之蓄買。而非取消以前之契約。今其時矣。想港中華人。必樂意贊成。不以其困難而起誤會。華人既樂于居留港地。而享其文明制度之利益。則當能尊重吾人之風尚。故吾人所希望于華人者以此。而吾人向來亦盡誠尊重華人之習慣。惟婢女制度。於英國法律與基督教之要義相違。故未便聽其長此不改也。果其一旦惡習消除。則中西人士彼此相見以誠。愈見融洽。中國與歐洲之隔膜。當又少一重矣。

南華早報贊許反對蓄婢會之積極進行

本年十月十日南華早報論說云香港反對蓄婢會積極進行無論其發起若何評論迹其行事足以證其爲一勇於任事之團體也昨日本報刊登該會之宣言書雖强半爲港內人士所稔知然其中所擬之辦法類皆精當則覺有意味也其辦法之優點在乎立意容忍蓋其已慮及凡改革古制勢必激起種種糾紛故雖一面力主革除婢制而仍求顧存婢主之權利該會對於廢除婢制擬請政府担任以求根本解決繼復提出善後辦法若干條此等辦法他日編定爲法律時或須酌量時勢修改然以之爲將來立例之基礎則洵可寶也簡言之其所陳議之辦法有三先倡解放婢女繼論恢復婢女自由之善後辦法其第一條辦法則主張取消賣契以防轉賣婢女之身價係作預支與其父母彼既得欵則該女子須留主家服務若干年始可規復自由其服務時期則由政府另派委員訂定至於婢女解放後之自給問題該會則擬請政府設立職業教育院使居留院中之女子咸得學習職業（如洗衣烹飪皆在其列）庶於學成後受雇爲僕役或服務於工廠覓得盡爲社會所吸收也記者對此之意見以爲凡在服務期內之女子亦宜使習職業如英國近所採行之工讀學校制者即雇主須依照國家定律撥出一定時刻任其雇用之年少工人學習各科以增進

香港蓄婢問題

其生活本能記者之意以爲婢女之方面亦宜採用此制凡留主家服役之傭女(取消賣契後婢女皆改稱爲傭女)概應使習職業至服務期滿時即可自行操作苟依此而行則擬設之職業教育院宜兼收外間傭女使其每日或每星期可得到學該會所擬之辦法更有一條係主張逼使傭女育女註册及籌設謀業館(即薦工館)此館之設誠不可缺蓋當傭女脫離爲婢而轉謀新生活時不可不有此機關以維持之其中之因其主人待遇優善至期滿時不願離去者或亦不少此則聽之然彼當自知其動作皆得完全自由非復如前祇爲他人之用具而已總而言之反對蓄婢會之宣言書實具有一種實際精神是誠可頌也

◉英京電訊第三

英議院關於婢女之質問

英國下議院於十月廿四號會議時議員馬利君向理藩院大臣質問曰貴大臣可否與港督磋商委任偵理一班俾得討論將香港目下之婢女制度廢除因此等婢女可由一家轉售與別家中國普通目之爲育女並廢除糟豬花之陋俗因此項女童將轉售爲妓女且中華民國業己宣佈此等陋俗爲違例而香港爲英國屬土更應照此辦理云活大臣答稱業己請港督將意旨報告或委任偵理一班以査究香港之婢女制度

五六

一俟得接港督報告鄙人即爲之討論鄙人將用何法辦理其事然按照保護婦女則例香港經嚴禁販賣婦女爲妓至於立例廢除婢女一節則因中國尚未實行禁婢律例故或致發生阻力云

婢女問題

十月二十七號。獲副將在下議院內。向理藩院大臣質問。請君曾否注意於七月三十號香港所舉行之公民大會議之報告。曾否誦讀定例局員劉君鑄伯之演說詞。劉君是代婢女制度辯護者。曾否知悉劉鑄伯君之演說詞內。屢次論及在香港內買賣男女童之事。彼并謂此等買賣。共分三種。此演說詞。實爲此項習俗之辯護。其內之言。於事實上。大半承認在英屬香港之內。實有買賣男女童之習俗。故因見於有此項事實之承認。君可否言出政府現目己預備設何辦法。活大臣答稱。題內所言之演說詞。余今在報紙上閱得。其內多是論及中國婢女制度之大譜。但余不能以閣下對於其中之句語之釋義爲然。各項事實。屢經在此議院解釋。至於政府之進行辦法。余之答詞。亦將如於十月二十四號時答覆馬利君者無異也云云。

英議員關於蓄婢之質問

英議員邊烈君在下議院向副理藩院大臣提出質問曰香港

政府是否承認必須立例或管轄關於在其裁判權內之婢女或女奴事宜又是否經已証明其購買女童者係有意將其轉賣以爲娼妓之用又是否此等交易之契據祇用養育字樣以免違例被罰又除刑名則例外女婢之主人對於命此婢當作工或責罰或爲妾侍之權利是否有無限制副理藩院大臣活君答稱邊君之上段質問請參觀十月廿四號時之答覆鄙人曾表明香港係嚴禁販買女童爲娼至於虐待過繼子女乃屬嚴禁鄙人深悉華人習慣若欲立妾侍須得本人之妻並該女子及該女子之父母允肯方可云

婢女問題

十一月二號倫敦電。婢女問題。又再在下論院提出討論。當質問時間之時。邊尼君質問。謂除刑律之外。實有無限制購買婢女任意使用。及隨時鞭撻。或以侍妾看待彼等之事。副理藩院大臣活君。答謂在香港及無論何處對於限制虐待養女等事。除刑律外。亦將有公論。據彼所知者。則中國習俗。凡爲侍妾者。必先得該男子之妻。及該女童。與其父母之允許。始行成事。屈活副將問謂。此習俗於中國實爲合例否。及是否祇在英屬爲合例。而其情又如奴役。副理藩院大臣答謂。彼與其前任之人。對於此項習俗。均繼續拒絕加以奴役二字。故彼甚望屈活副將亦不用此名辭。彼信中國曾設定律例。遂致此習俗在英[illegible]之外爲不合例。但[illegible]以[illegible]用[illegible]養育女童。先行給欵一宗。直至二十五歲乃爲滿期云。

香港之奴婢問題

二月十四號倫敦電。於質問關及香港奴婢問題之時。獲少將質問。謂理藩院大臣朱超君。是否不以在英屬廢除買賣人口之權爲過期。彼則以其爲有玷辱英國帝國。朱超君提議。請將此事於下議院討論理藩部預算表時。提出討論。

香港之婢女問題

二月十五號倫敦電。國會議員數人。昨日及今日在下議院。於質問時間。經極力質問關於香港賣買童孩問題。理藩院大臣朱超君。謂倘一有機會。彼甚願查確全議院對於此事之感覺。但彼甚欲知悉。因何此習俗不完全推翻。且其在中國亦甚普通者。彼意以此習俗之大綱。似可反對。但信其於執行時，則不然也。反對蓄婢會所議所招集之會議。於開會時。各社會之派代表赴會者甚衆。該會議由奇列士頓子爵夫人爲主席。隨後通過一議案。宣佈謂婢女制度。實爲香港之惡習。幷力促理藩院。委任一負責男婦委員會。往遊香港。向中西人士詢查。俾得設立一可行之辦法。以阻止買賣人口。與將人類作爲奴役。及其餘因此而生之惡習。前任印度副理藩大臣

香港蓄婢問題

羅拔士君。亦有宣言。而希士路活司令。則極力反對此等制度。在英旗下繼續進行。蓋實爲玷辱國家及是醜事也。至於其餘之演說者。則雖要求修改此惡習。但指出謂繼續辦法。乃中國教例上之一部。有一婦人。謂彼對於具有教育之中國婦女。較之別國婦女。尤爲尊敬。故信倡議廢除此種惡習。彼等將必極力贊成也。

英議院對香港婢女問題

二十號倫敦電。衆議院質問香港婢女問題。理藩大臣楚治路請將質問展延。因伊對於此問題之大旨不甚滿意。須與香港總督函商。故未能答覆云

香港婢女問題

二月二十一號倫敦電。理藩院大臣朱超君。在下議院請展期討論關於香港婢女問題。謂彼意欲致函香港總督。詢問此事。因其對於在下議院之質問及問題。未得完全滿意。朱氏之此言。各人聞之。鼓掌之聲雷動。

香港之婢女問題

三月七號倫敦電。理藩院大臣朱超君。在下議院答覆關於香港婢女制度之質問。指出謂。因此次罷工風潮。港中公事異常忙碌。而華民政務司。則日夜辦事。但港督已允從速答覆其電。因此朱超君意欲暫緩宣言。

五八

取銷婢女制度之先聲

三月二十二號倫敦路透社電。理藩院大臣朱超君。在下議院答覆一問題。謂港督經報告。謂港政府將與婢女維持會。訂定辦法。取銷婢女制度。（鼓掌）但此舉必須時日。朱超君續謂。暫時彼將下令使發出告示。言明將來香港將不承認現在中國所有之婢女制度。尤不准强迫年在十二歲以上之女童。離出其家。港督曾指出此舉將令婢女有中其主人奸計之危險。朱超君追後命向婢女警告。除於彼等有適當保護之外。否則除受虐待之外。切不可離出主人之家。朱超君續謂。雖舊設之習俗。不能於一時即可改變。但港督與彼。已決意從速禁止此制度。且彼已通告港督。謂甚望此事可于一年內改變云。（衆鼓掌）

香港之解放婢女

三月二十二號倫敦電。某報得香港解放婢女之消息。甚爲欣喜。該報著論恭祝朱超君宣言之特殊貫徹。幷信將設良法規劃一可行之計畫。以保全被放童孩將來之平安云。

香港之婢女問題

三月二十九號倫敦電。活少佐在下議院答覆問和地司令

之間。謂港督定彼設善法。阻止強將婢女[illegible]香港[illegible]之。可無疑義矣。

婢女制度之取銷

四月二十六號倫敦電。保良會常年敘會。前任印度事務副官羅拔士君為主席。由奇士頓子爵夫人提出議案。恭賀朱超君取銷婢女之舉。後一致通過該議案。希士利活司令宣言。希望香港各界。將合力使此制度可得最後之廢除。彼力謂雖日前屢謂該制度并無不合處之官員。現亦會經設法協助。於未敘會之前。各人請希士利活司令及其夫人午膳。希士利活司令答覆各人之恭祝。力辯謂彼之辭去。實咎非在海軍當局。并謂因前由香港總督。致與彼等論及希士利活夫人進行之信函。故彼等須要照吾等所辦者進行云。

英國下議院之婢女問題

三月二十一號。理藩院大臣朱超君。在下議院答覆奇利非夫及義華士兩君。關於香港婢女制度之間。謂余曾請各議員。暫停質問此問題。俾得余電商港督。料各位亦能記憶之也。近來因該處所發生之事端。已不幸阻止余及港督兩人從速辦理此事。但余現接港督來電。內謂彼之政府。目下與保護婢女及廢除婢女制度之社會磋商。將從速草定廢除此項制度之計畫。港政府及上言之社會。均指出此舉將畧需時日。余已命即行發出告示。向主人及[illegible]女表明。婢女之狀[illegible]。照中[illegible]所解[illegible]者。離香港將不承認。尤不能強阻年在十二歲以上之女童。離其撫養之父母云云。又於三月二十八號。聞和地司令在下議院。質問香港連同大陸英界婢女之人數。及問於未實行廢除此項奴役制度之前。曾設何法阻止主人將婢女移遷入別處華界。朱超君答謂。港政府及上言社會曾向余指出。若發出此告示。將令婢女多人。或中歹人之詭計。故於未鼓吹彼等與主人脫離之前。實宜設法以備彼等之將來。須知若彼等有大部分。即欲脫離其主人。其人數如此之多。實顯非慈善院或政府之能力所能適宜辦理者。余因此遂命港督。於告示內。應警告所有婢女。除被虐待或曾往見華民政務司之外。倘別處未有藏身之地。則不宜脫離主人。此外余又曾下令。謂港督所論及之別種危險。亦應向婢女警告。雖一相沿已久之制度。不能一時改變。但余欲表明。余與港督。均決定從速實行將此制度除廢。故余經向港督表示。余希望可於一年內實行此項改革云。

◉文藝第四

虐婢記　小說　河南中華公立學校陳覺夢

余有族弟某，家本五代書香，而其父亦清末附生也，初

香港蓄婢陋習

擇配於雲潛鄉梁姓某甲女爲室，梁某家亦業豊，故其女亦有私蓄，不幸未賦于歸之什，先遇炊臼之占，繼仍邀媒另求佳偶，不料俗多忌諱，名門望族，多不就聘，卒爲冰人所給，覓娶西湖村游民麥氏某乙女爲塡房，于歸之日，旭日臨窓，而新婦始至婿家，當時翁姑，多不滿意，然米已成飯，亦無可如何也，俗有做翻生之例，梁妻哀女之死，假桃代李，轉念又以麥氏女能修女禮，推其愛女之心，兼受麥氏，遂以死女之私蓄徑畀之，麥氏家本亦貧，又失教訓，貪而無恥，覥然受之而不顧，迨歸甯後，屢迎不返，即翁姑生辰，亦少應召而至，以是翁姑等，久欲爲其子納妾，奈家漸落，百不從心，數年間相繼以沒，而含恨冰人之聲，時時溢於言表，麥氏貌甚奇醜，聲若豺狼，而族弟安之，絕無慍色，間有誹笑之者，而他反含笑自若，其殆爲麥氏之魔力所攝乎，族弟時經商越南，與余並埠，恒數年而一返，麥氏以上無翁姑管束，故在母家多於在婿家也，計嫁後十八年，乃生一子，而始安其室焉，而族弟每年中必有二百元左右，寄返作家用者，麥氏遂得藉此餘資，購一少女，年方七歲爲婢，改名曰「富彩」而麥氏此後，遂有主人婆之聲架，爲平生莫大之幸福矣，其在鄉時之如何虐待其婢者，余不得目覩，不能詳述，族弟居南日久，因在南納一妾，生一女矣，麥氏聞知，遂求人帶他來安南尋夫也，

比至時，自覩少妾之艷妝華服，已是眼火外發，心火內焚，行裝甫卸，枕席才安，而厄言橫語，不堪入耳者，自宵達旦，且以才經教育之村婦，一旦做到大婆，其可喜可怒之情形，實非筆墨可能描畫，彼以爲凡做人妾者，必定人家之灶下婢耳，故其視妾也，亦如視婢，逼其夫令妾跪在地奉茶，又改妾以名曰，「睇彩」意謂其夫睇他而私納也，以彩排行，與其婢「富彩」爲伍也，翌晨即率其婢「富彩」帶全其妾脫鞋往担水云云，其妾品性本馴良，畏事之人，故件件皆依麥氏之令，而不敢與抗焉，但外埠與鄉村不同，非有餘資，不敢納寵，既納之，則必矜之憐之，愛之惜之者，豈肯使之如灶下婢者哉，而麥氏素性陰險，恒以非理使妾，來南半年，其妾復生一子，彼又生一女，二女同居，其志不相得，其妾亦爲他百計苛虐尋至於死，可哀哉此小子，出世不滿三月而無母矣，由是而家內慘遭大變矣，由是而懦夫忽發其憤火矣，由是而始知麥氏之難靠矣，遂絕迹足不履麥氏之房，蓋懦夫愛小子如命，而麥氏則恒懷毒殺妾子之心，於是哺育之事，不假於婦人，反托於男子也，麥氏以妾既死，以爲得天之助，喜形於色，不料望穿秋水，不見其夫返也，乃使其婢往店中瞷其夫同舍，其夫以餘哀未忘，安能尋房中之樂乎，遂不返，而麥氏則日日使婢速之，夫不返則鞭其婢，罵其不能盡力也，打了一場，又使復

六十

往，[illegible]得夫返，乃免打且得飯食，夫以此十齡小女，有何能力以迷昂藏七尺之男子返家者，自此以後，而富彩捱飢受鞭之事，幾於無日無之也，且以少小女子，輒被鞭扑，未有不呼痛叫楚者，而麥氏則別有一法，且禁其婢不得出外對他人言為主人毒打者是也，如有對他人說後，為彼察覺，則以燒紅火棒灼其股，且禁不得食飯三天，不准眠床，仍要其婢力作，雖至夜深十二點或一點鐘時候，麥氏起來吸水烟，仍要奉侍，其婢受此等苛虐，遂成一浮腫之病，遍體黃色，固此手足無力，不能操作，麥氏初猶謂他詐諦，將大柴一條，照背上猛擊，脫衣驗之，黑瘀成斑，而面部亦受有傷痕，麥氏又狡教其婢說，謂為在路上與手車相撞使然者，如不照此說，被人知為主人打傷者，則加倍治罪等語，以是其婢雖受盡千辛萬苦，亦噤若寒蟬也，其婢既臥病不起，麥氏仍視作閒事，且對同居人說曰，「我所痛者，七十塊銀錢耳，其婢之死，於我何傷，」蓋指其購婢費去七十元也，同居人曉之曰，「婢死則銀失矣，何子不思之甚，」麥氏無言，旁人看不過，乃通知其夫，請西醫生調治之，旬日間病若失，西醫令他戒米氣一月，要食牛奶作養料，不想麥氏之自愛其子女，較他人為甚，其夫所購備之牛奶，本欲為該婢養生之用，而麥氏則偷以供其子女，其婢反不得受用，婢以肚餓之故，又偷食冷飯雜物，病遂復[illegible]，且加腹[illegible]，[illegible]以痛　其主人[illegible]，[illegible]麥氏反之曰，「你今腫己消、又享了半月福、重好過太子爺，你咪詐諦，你想我同你搓吓個肚啫，我畀條大柴揸吓你正得，」是夜十點餘鐘，其婢「富彩」遂叫腹痛至死，以上是昨歲事也，為余目的，至人說其在家時，其婢每月准有一兩次禁食飯，每禁必三日，三日後，始以薄粥水食之，翌日乃准食飯云云，至鞭扑則不勝其數；

閱報見有徵文惟時己逾限期，此文不暇修飾，惟紀實事而已望　大雅君子斧正而後錄之可也，

憫婢歌

河南中華學校陳覺夢

天地生人無厚薄。人生天地分苦樂。只因貧富不能勻。
貴者賤者相交錯。無衣無食可奈何。願賣此身就束縛。
主人驕慣那相憐。時時呼喝走向前。懼怕主人生嗔責。
作事過謹反倒顛。主人見之不如意。輕則唾罵重則鞭。
受此苦辱無可訴。偷向僻處淚漣漣。廻思父母生我時。
願我長大光門楣。見我笑語喜相引。見我欲步好扶持。
風寒暑雨常顧復。抱之懷中一團肉。何圖貧困逼分離。
割却必肝為人僕。父母在家更不忘。念着嬌兒心悲傷。
但得家有薄薄粥。肯教女兒受悽惶。察知主人能愛人。
雖然苦切聊解釋。若鬧在彼多責扑。苦咽心頭那得伸。
大戶重門進不易。曠隔年餘得一覷。主人訴說懶惰惰。

香港蓄婢問題

口中假責眼中淚。呼嗚此意誰得知。父母之心皆不異。
秋河寂坐夜黃昏。念此情形細忖論。作龍長歌長太息。
瀟瀟風雨滿前村。

五言婢歌 六十韻

知非子

嗚呼言作婢。痛苦不成詞。或因父母窘。故為家道衰。
或被拐與騙。骨肉至分離。自從民國後。身契轉離奇。
云送不云賣。誠恐犯官規。落在慈善家。衣食幸豐餘。
若遭狠惻手。艱苦共捱饑。少小供人役。長大嫁為姬。
難望出頭地。倘促寄人籬。閨房分大小。動輒別尊卑。
生落男和女。當然受嫡欺。倘至分田業。庶瘦嫡兒肥。
同為兄弟輩。差分何吃虧。一生都是命。苦楚有誰知。
主擡檯前侍。半步不能移。飯完茶獻上。順手奉烟枝。
隨即捧巾水。遲速收晒衣。斲柴兼汲水。洒掃倒痰盂。
兩頓餐頭餸。難以定從違。老爺着來攪。奶奶喚來炊。
未審適誰從。中心如亂絲。不言無表白。開言罵支離。
一言不着意。掌摑面如脂。房傳抱公子。廳命買東西。
熱為搖葵扇。臥為搥腰肢。主人命東去。主婦命西馳。
日夜無停息。手足勞且疲。夜半主未回。守候如閽司。
三更着保飯。四鼓飭炊糜。更深仍未睡。兩目倦難支。
叱咤雷霆怒。精神亦被祛。移之奉父母。賢孝古今微。
有痛不敢言。有病不為[illegible]。言途[illegible]怒。[illegible]肉任[illegible]笞。

六二

欲逃不識路。恍若釜中魚。不分何品物。有失必猜疑。
綑在牀前柱。籐條先示威。擊石猶成火。不問是耶非。
任爾呼天地。傷痕排滿肌。更逢陰鷙婦。爪擊擇其私。
復畏差人捕。禁止聲咿咿。儼然砧上肉。宰割任由伊。
斃殺何足惜。有錢再買之。縱然防虐待。焉能闞透機。
紂刑無是慘。火烙累焦皮。人道沉淪矣。天公報應遲。
忍淚廚中泣。潸然灶下悲。自嗟身命苦。寧願念阿彌。
衣服無暇整。蓬頭髮亂飛。心內似轆轤。形容無日舒。
忙忙與碌碌。勞苦汗淋漓。哀哀同形體。貴賤何差歧。
閭倡廢婢制。私心喜溢眉。防範難莫及。反對最為宜。
伏期諸志士。堅誠戮力持。勿憂經濟薄。灰心中道時。
虎頭蛇尾事。免令或人譏。還我平衡日。自由無絆羈。
感激無涯止。頂祝壽期頤。聲名千古重。載道口皆碑。

一字咁淺

龍舟歌 鄭淑芳

民國如今己十年。專制推翻，政體變遷。主義三民，將近發展。算來男女，一概平權。想起婢女問題，尋吓字典。婢字從卑，女字邊。分明婢女人皆賤。究竟同為人類，點得安然。婢制革除，一字咁淺，尊卑界限，要打破為先，你睇英國向來，君主立憲，對于華人養婢，幾費鑽研。何況我地國號共和，民主實現。重還養婢，豈不是瘋癲。先是英[illegible]員，提出意見。佢話香江[illegible]士，婢制堪憐。質問英庭，何不禁止呢件。剷除陋習，方見得立例無偏。一則爲着本國光榮，人所視綫，二則維持人道，拯救女子顛連。香江政府，接到英廷電。叫埋紳士，講得好長篇。故此會議大開，權借戲院，有一位華人紳士，係定例局人員。點想佢循例把問題，宣讀一遍。毫無討論，當作談天。一味把自己意思來發闡。不理人家駁議，咁就算表決完全。恐怕答覆英廷，憑佢說話一面。個陣留存婢制，瘴氣烏烟。嗟我華人，人格自貶。造成罪惡，總是金錢。所以反對會開求實踐。勝過廿露楊枝，灑遍大千。婢制革除，誰不豔羨。相勸免。至誠心一片。待我把衷情訴出，且寓宣言。

提起蓄婢，真正介我心慈。此中流弊，實在兒嬉。有的名爲養婢，實在當娼妓。好比種生錢樹，一味撈匙。試睇吓近來個的新聞紙，盡情揭載，有邊個唔知。耳目彰彰，無所顧忌。衆談眷議，百辨無詞。講到婢女是否同奴，來解釋字義。自由剝奪，大抵如斯。問是賣身，無彼此。大家地位，一樣卑微。任得主人來役使。終年服務，沒有工資。若是主人唔合意。有權轉賣，好比貨物遷移。奴婢名詞，無甚大異。男奴女婢，伯仲相依。不過奴爲終身，婢嫁則止。究竟人權天賦，剝奪無遺。講到任意苛待一層，難以盡紀。報章所載，無日無之。甚或有恣情取樂來調戲。不過事同曖昧，咯近嫌疑。有邊個肯做証人，來共佢處理。幾多被害，命喪陰司。最慘主人做事無終始。當時厭棄，中道乖離。我亦講不盡咁多，尙獻一事。主張蓄婢，不外把人欺。總之弊竇多端，無法可治。永放棄。情不能自己。所以我極端反對，要把人道維持。

書再唱。把言陳。我們反對絕大嘅原因。人地主張養婢，一定唔公認。大傷人道，害煞同羣。有的襁褓甫離，行街未穩。年少無知，慘被賣身。骨肉分離，倫自怨恨。幾時敢對主人云。況且主人，未必垂憐憫。使供煩瑣，備極艱辛。衣食自然，微薄得很。工夫做足，重慳惰唔勤。差遣無時，成夜冇瞓。霖時有病，不理佢痛楚呻吟。好彩長成，憑佢命運。監硬將佢，亂去嫁人。或配老夫爲妾媵。或擠市廛，與及官軍。生人樂趣何須問。祇求身價，志在兜銀。專權買賣，同商品。待價而沽，受盡萬分。咁樣做人，真正無引。個中痛苦，實在慘不堪聞。講到道德個層，尤覺要緊。許多養婢，都係豪君。自命主人，天時起粉。任情呼喝，冇半點慈仁。時時貧爲貴難分。儼同仇敵不相親。階級既嚴，親愛必泯。家庭戾氣，重慣適蘭艾同焚。有等獸性主人，惟利是搵。日供使喚，夜命淫奔。更有等好色之徒，行檢不謹。像接吻。概娛慾一陣。真正傷風敗俗，大壞人倫。講到國體。更冇羞顏。買奴蓄婢，有甚生番。走盡天涯

香港蓄婢問題

，無此怪謬。未開世界，有所謂鴉鬟。當早三十年前，歐美各國協贊。就在德京城內，做會議機關。公法載明，條例所限。禁人買婢，極力防閑。記得英國有一句格言，唔係杜撰。佢話蓄婢之人，重弊過作奸。萬國定爲，可惡罪犯。眞係名言精理，足以儆醒愚頑。可惜我國人心，沙咁散。僑居港地，尙敢把公法推翻。咪話習慣生成，撻五古板。事關犯法，點好當作爲閒。若係靦然面目，唔知瀨。自詡化外，重講乜向別國高攀。國體有傷，應要自反。快些改革，免至受人彈。況且拐帶咁多，無所忌憚。衙門受理，眞係案積如山。女子失蹤無論早晚。幾曾見過，有合浦球還。就係賣女之人，都不外一種習慣。豈眞爲着，生計艱難。若係買婢無人，唔通冇寶口食飯。自然消滅，可免骨肉摧殘。總之婢制留存，無一可讚。風化攸關，足見一斑。更恐擾亂治安，增長匪患。眞可歎。頹風應要挽。呢的就係我反對嘅原因，認作蓄婢野蠻。

有一個老學究。佢話婢制應留。生計艱難，風俗日偷。所以貧民携女來求售。勝過捱飢抵餓，鎮日担愁。實指望善長仁翁來拯救，替佢養女，又有錢兜。買婢人家，多屬富有。唔通救人之急，反以爲仇。泛泛講來，似覺於理不謬。怪底個的善長仁翁，買婢不休。但我仔細用心，來想透。實屬欺人，冇半點理由。若果佢志在救人，唔係假柳。幾多施濟，樂助捐抽。善堂宏開，應向根本着手。第一要保存人格，方算良謀。譬彼有人，窮窶日久。携妻出賣反把錢收。未曉個的善長仁翁，能否接受。賣妻賣女，一樣相侔。又有一個花名，叫做大炮友。佢話保留婢制，就可以溺女無憂。因爲貧家無力來糊口。故此把初生兒女，付落水東流。此說分明，牽强難湊。姓胡姓馬，點比得周區。溺女多在初生，三兩日後。至於賣女，至少有五六年頭。一個殘忍性成，一個爲利所誘。事實唔同一笑一嬲。拉埋來講，實在唔相就。總之養婢，自取愆尤。講到賣婢價錢，至多一百幾十左右。嫁時身價，至少有幾百乾脩。咁嘅利錢，眞正係厚。知道否。神明應內疚。重講乜深仁厚澤，越講越覺虛浮。

我且把虐婢原由來再唱。買婢分明，有身契一張。契約寫明，生死不問字樣。不管山高與水長。生殺全權，操在賣主手上。任由安置，莫問相當。就係親生父母，都不准常來往。寫完身契，祇有痛哭一塲。婢女自知，無力抵抗。幾多委曲，暗自悲傷。試問有誰人，共佢呼冤枉。所以任得主人苛待，當作尋常。故此，我反對立心。來做人道保障。第一要取消身契，禁絕梅香。所有大姐鴉鬟，全數釋放。一刀兩斷，方遂我心腸。點想有的善長仁翁，唔肯體諒。保留婢制，又話開會磋商。巧語花言無[illegible]痛癢。根株未拔。重[illegible]也設法提防。[illegible]一家立法來懲創。又有警察出動到處站崗。但係虐婢人家多屬漏網。幾多被主人虐待，飽受淒涼。想話旁人監督，一定成虛設。倚賴個的善長仁翁更重說謊。好比貓兒集會，拉來講。叫佢護鼠，豈不是枉費思量。惡醉偏偏將酒彊。（上聲）情同止沸，去揚湯。與虎謀皮，同一妄想。所以我取消身契。火化當堂。睇吓近來民氣真澎漲。人道光明，正話日昌。社會潮流，經好耐醞釀。觀現象。一致人人趨向，深望主人覺悟，就可以做婢女嘅慈航。言至此。倍傷情。婢制留存，恨恨不勝。（上平聲）有一種人，偏好頂硬。話我不識時勢．不熟港地情形。佢謂婢制解除，有乜野善政。放歸何處，保護年輕。若是主人留僱來邀請。有何妙法，兩得其平。此說早經，成了詬病。有何研究，不信無徵。待我逐一從頭，來辯正。更將辦法，說到詳明。大抵婢制解除，唔係將婢女盡屏。（上聲）首在取消身契，變易名稱。婢字可將，傭字替頂。依然服務，一樣妗婷。第一向政府請願實行，頒佈禁令。懸為禁例，不得買賣人丁。取消身契，唔留影。不拘婢女，與及螟蛉。注冊分開，條目另訂。寫明待遇，端的分清。妹仔名詞，從此洗淨。傭工期滿，限至十八年齡。若是時期未滿，歸鄉井。補回身價，理所當應（上平聲）或者被主人虐待，係有真憑証。准其申訴，入告公庭。[illegible]設立[illegible]人，由[illegible]。[illegible]，特別稽偵。敎養院開，由政府撥定。募捐經費，指日功成。遇有無依傭女，當收領。十年敎養，可免伶仃。辦法咁多，來講過大衆聽。言未罄。但求公理勝。所以會開反對，望大衆拍掌歡迎。還唱幾句。便算收科。我心懸切，唔知大衆如何。聽得廢娼，人有講過。我話先行廢婢，緊要過廢娼多。娼妓固然，人格折墮。但點似得賣身為婢，咁受災磨。尚且當娼，都不可。唔通婢制，可留麼。呢個奴圈，應要打破。快的回家，勸諫吓老婆。婢制問題，發現香港一島。正係受人以柄，倒持阿。呢陣被友邦干涉我。大家自問，是否有愧支那。我望香港實行，全國附和。（去聲）同聲相應，手相拖。禁婢終須，唔好結果。幾多弔頸。與及投河。香港有一位主人，監獄在坐。皆因虐婢，怨恨當初。知錯應該，唔好再錯。快些覺悟，一定無訛。最忌首鼠兩端，心有怯懦。總要大家出力，担起肩窩。恢復人權謀互助。提高人格，莫蹉跎。無男無女，無論那一個。齊心奮鬥，掃盪羣魔。做定有工錢攞。誰人唔做，就係大泡和。所以我唱出南音，來嘗楚楚。（去聲）先行能勉，又勉勵吓妹妹哥哥。這個問題，眞係一字咁淒嗦。身可餓。此志不可挫。一於反對，誓把婢制誅鋤。

（己完）

香港蓄婢問題

反對蓄婢

龍舟歌　綿煙

人世上。多等唔平。貧富懸殊，性命就有重輕。富貴就唸驕人，敦到欸正。貧窮賞役，奔走忘形。倘有的多唔合，服侍唔乾淨。嘗嘗呵斥，都係忍氣吞聲。若係駛嬲僱工，倘可唔受佢僱聘。可嘆賣身為婢，就入了地獄個重(平)城。虧我問來無事，想及呢種淒涼境。愧無能力，把佢讚哀矜。偶為抱膝齊頭，如入定。乍聽隔離哀叫，幾咁傷情。原來主婦，把侍婢來抽秤。為因間事，打到肉綻皮青。又聽得聲聲哭泣，求饒命。話盡唔該我怕咯，未息主婦雷霆。更有聲聲笞撻，淫威逞。籐鞭到肉，聽見也心驚。個個主婦雌威，狠虎性。拷奴毆僕，係佢性格生成。得意再嚟，施佢本領。手停一陣，又似係隻癲騰。任你幾多哀懇，佢都全唔應。牙筋咬實，重要綁住麻繩。大罵奴才，衰鬼病。唔打就身痕，要打死你隻妹仔丁。打死十個當五雙，無乜報應。生成賤骨，要打正得安寧。說話未完，鞭股腳脛。又話要落(嘀)牙搥指，重慘過官廳。㪗頭(仄)㧾墻，唔知乜野法令。火箝燒猛，簡直是炮烙私刑。虧我越聽越心寒，唔忍再聽。人間何世，有㗎嘅牛精。怪得虐婢新聞，如此日盛。報章騰載，久久有批評。原本人人塊肉，都有娘生定。點好將人鞭撻，當作時興。將心比己，掉轉操權柄。易地而觀，想吓就明。不過佢為家窮，或為親喪母病。致使賣身為婢，背別父母諸兄。分離骨肉，遠鄉井。唔憐你哀憐一吓，更要種種欺凌。可嘆可哀，還可警。人道何存，大大個不應。(平)虧我默默思量，憂憤絕頂。心大興。(仄)所恨無門徑。唔係就破扉而入，去作不平鳴。

六六

心憤憤。碌眼吹鬚。造人奴婢，就好似入了監牢。地方警察，每每巡唔到。致令無良主婦，手板利過張刀。異至食人，唔駛將骨吐。信得過將嚟打死，冇乜人嘈。雖則富豪唔志在，身價區區數。何患無人服侍，要井臼親操。究竟死於你手上，佢有冤無訴。府上多一隻冤魂冤鬼，問你忍心無。回想上幾年前，官府與共父老。辦一所貧民教養院，但把涸鮒嚟甦。婢女幾多，離了苦惱。造人主婦，亦不敢糊塗。後來停辦，絕了條生路。個的兇狠主婦，辣手又復增高。自慚棉力，未足誅兇暴。唔能打破，呢個黑幕悶葫蘆。近日聽得香江善士，舒懷抱。反對人家蓄婢，設會持操。苦心一片，尊人道。維持孤苦，勝過造七級浮屠。尤復徵求文字。與及龍舟譜。莊言俚語，偉論滔滔。當作暮鼓晨鐘，為警告。家傳戶曉，又勸醒吓妻孥。如此熱心，誰不仰慕。所願人人了解，勿以蓄婢為高。修吓本心，朋吓世道。棄舊到新人家，自恃富豪。須知世界，終有循環報。點好恃一[illegible]豪富，發的噉嘅牢騷。縱是目下多財，難道一世可保。兒孫未必，不造人奴。尤願反對蓄婢會諸君，同把力努。爲人種禍，盡吓力量呢舖。將見舉國推行，講不贊好。千秋萬世，都感列位功勞。自愧謭陋不文，多潦草。聊把所見情由，述唱一遭。更祝貴會前程，先進步。同勸導。大放光明路。呢的係人羣平等，第一級嘅規模。

反對蓄婢

龍舟歌　朱啟林

人本一類。有乜上下相分。因何奴隸，第話有雙厨。可恨我身無兩翼，把不得天來問。抑或貧富生成，有所因。我想托世做着一個女流，原屬不幸。重要爲人奴婢，賤過沙塵。蒼天厚薄，都算唔平等。但係蓄婢之人，都要問吓个本心。有的因爲父母飢寒，經濟困。女兒生養十多人。又有欲想僱工，無路可搵。本錢少短，點樣謀生。亦有爲賭輸乾，心不忿。有等雙親辭世，殯葬唔能。至到骨肉分離，原係可憫。借貸無門，不過都係幾十金。你地鬧欵裝腔，原屬過甚。重要喝婢呼奴，恃住有銀。有陣些須小過，好似開堂審。無端辱罵鼻子哼哼。手足先將，來綁緊。刑笞毒打，不止用沙籐。燒紅鐵器，烙到週身印。慘過盜賊遭擒萬萬分。聽見呢種私刑，心就打震。令佢叫天唔應，叫地唔聞。做多食少，無安寢。冷飯鶉衣，[illegible]。誰[illegible]父母，也[illegible]心[illegible]疼。咯主人婆咁勢大，怕乜你寃沉。人家兒女，真正唔關緊。做乜佢總不還施，自己所親。親生仔女，當作宜嬌縱。一寒一熱，就去問卦求神。賣嚟婢女如泥塵。虐打時時，用到灸針。人道全無，天眼又不近。捨得噲雷轟佢斃，个个都做過慈仁。我想幼穉嘅女孩，無乜教訓。爲人主婦，都要澤厚仁深。既不哀憐，亦休把佢怪恨。點解得些唔合意，就打罵頻頻。試問凡爲婢女，有幾个徼倖。萬中無一，當作親生。重怕有些姿色，終日爲佢塗脂粉。至好都係嫁爲人妾，講不得一句口响嘅時文。[illegible]我說到此時，心火就憤。欲助無從，點共佢把得氣伸。幸得港商，存惻忍。聯同設會，力力推行。同志徵求，刋送小引。革除蓄婢，好似斬草除根。務使惡習刪除，宗旨穩陣。己自妥籌善法，逐欵言陳。章程備列，不必多疑問。助人覺悟，今日仰賴旅港諸君。所望你地激發天良，心莫泯。當作晨鐘暮鼓普渡慈雲。此後頹風挽救，勿介狂瀾滾。復同人格，要具一點誠眞。好比一木難支，全賴穩。筆舌宣傳，只望你地合羣。彼此同胞，皆有責任。想必中西人士，薄海同欽。痌瘝在抱，試問有誰唔允。如斯善舉，重好過帶髮修行。重有許多取締，再把章程印。他日會議公許，互酌斟。使佢恢復自由，係應本份。男女同胞，都係國民。更望我地同情共表，

香港蓄婢問題

切勿含糊混。須審慎。如何應革禁。問句个的主人自命，呢陣你知到唔會。

反對蓄婢歌

南音　凱聲

儉自苦。悄傷神。苦中添苦至做到女兒身。何況爲奴爲婢你話何堪悶，講起佢的悽涼實在不忍聞。想佢是必生來家道窘，命中帶賤自小就歷盡艱辛。正係饔飧不給時飢餓，數口之家點易食貧。淨爲澗轆無人賑，爹娘難顧迫住把佢來分。講到骨肉之情誰不戀，你話一朝離散怎不銷魂。自嘆時乖兼蹇運，唔啱投胎至種落呢點惡因。無奈忘情還割忍，可憐一塊肉不過換得幾十个元銀。從此唔同往日身和分，(仄)長作青衣重有邊个把佢愛珍。屏氣低聲惟自謹，仰顏待色更要殷勤。立後聽前唔敢跣懶一陣，呼神喝鬼駛到頭暈。清晨便起深夜猶唔瞓，更兼一日捱足十二个時辰。鮮魚美肉全無份，只有殘羹冷飯俾渠嚟吞。綉服錦衣唔在恨，(借用)破綿敗絮實在寒陳。第一係時値隆冬年又近，彌天大雪落紛紛。人地大衲重裘猶冷到震，裏頭袖手重要把炭爐熏。難爲佢穿起薄衣兼敝縕，衝寒頂冷四圍奔。雖則未至墮指裂膚如此甚緊，試睇佢手足皆成爆拆紋。遇着炎天暑月人皆困，竹牀亦覺尚不舒申。个陣溽氣蒸人如火滾，，邊个唔去乘涼却暑避吓囂塵。難爲佢日間逐熱隨街趁。晚上在矮牀破帳伏滿蟲蚊。汗流浹背真難忍；重要向人搖扇手酸頻頻。若況萬端難盡訴，一年四季冇日不是呻吟。如此情形原可憫，點忍再行苛刻待以非人。見佢咁苦。本要哀矜。點估有等主人兇惡不近人情。提起番來喉就悶哽，幾回欲講不成聲。我記得有的婦人狠毒到冇影，日將奴婢肆意凌。有陣冤楚橫施一味任性，皮開肉爛實在堪驚。有陣腳踢拳錘真打得懨，(仄(登時嘔血不能停)有陣長枳大柴雙手挺，鎚牛鞭馬尚且唔應。(平)何況佢弱質珊珊還未長(仄)定，迎頭痛擊點餘担承。有陣利器鋒鋩真係勁，無知草木尚不能勝。(平)何況身體肌膚遭此不幸。真正創深痛鉅冇日得安寧。重有的毒過蝎蛇兇過梟獍，若然講出面都青。慘過殘賊之君苛待百姓，出齊百毒亦少有此等嚴刑。有熱烘火把持其柄，將佢週身燒灼運體薰蒸。有陣將佢舌尖剪斷血出如泉迸。賊人敦苦亦出不成聲。有陣將佢十指無端來斬淨，手掘如鍾嘢不可擰。有陣重把佢當堂來攞命，無親無近寃向誰鳴。種種慘虐之情我亦唔數得罄，大抵有的苦起番來弊過畜牲。此等弊俗眞爲中國詬病，若還唔改革點得進步文明。我想人生天地原平等，貴賤無庸分別重輕。人話蚨蛾將亡猶要救拯，何況人爲萬物靈。要知道奴婢生來唔係整定。只爲佢家中貧乏有氣難爭。呼喚隨人唯有減頸。舍得主人憐憫免至太過勞形。就使打扑敲鞭亦唔敢不聽，正值[illegible]魚砧肉[illegible]一死死生生。[illegible]記[illegible]一美當時都有此弊政，驅奴惡習處處流行。遇著個个林肯放奴將此弊屏，（仄）此後實行開放各國相承。今日光明大放人相慶，蓄婢行為實在不應。（平聲）伏願我國同胞皆猛省，陋習從今盡地掃清。君呀勸你慈心須要秉。即此一端能改革，自是有益中國前程。

反對蓄婢

何不平

孤樓讀罷夕陽天。人道開懷氣憤然。耳聽哭聲自鄰舍起，又只見啀嚷人語罷炊烟。虧我呢陣一體同仁無貴賤，況且在寄人籬下呀你話怎忍無言。正係禽獸無知難虐待，奴婢無力倩誰憐。第一係觸景更添情可憫，虧我手援無力願難完。婢呀記得賣身個日淒涼夜，見你初離父母哭聲酸。我亦忍不住許多情與淚，真正係無從相識亦相憐。見你襤褸初離將有數載，點想離鄉別井要出閨前。幾多風雨難禁受，都只為貧寒兩字要拆離緣。個陣籍入奴圈難脫網，身羅黑幕暗無天。見佢茶飯尖時答撻難免，在個處汚泥隆上跪成罷。早晚偸安遇又話作賤，終宵難遂五更眠。笑貌偶逢男主面，又恐怒因事起下棍施鞭。年己及笄猶未下還，欲求身贖又要補飯錢。或有種花詐手段，任你平妻側室美價從權。不許槽猪遭毒險，千金市駿奇貨居先。甚或販歸河下去，脫身無日苦海無[illegible]。[illegible]苛[illegible]虐待，[illegible]空[illegible]。呀欲遂得你平安願，急求善法辯理伸冤。聯羣結會把人格莫賤，終須有日難脫災纏。參想透。孰知音。虧我欲救同胞姊妹費思尋。古道男罪入奴女入婢，做乜你生成無罪磨折咁深。第一係個的中人貪財藪，不計主人良歹利慾薰心。此後先禁媒婆來引渡，例准隨時取贖不許索多金，苦還苛待如牛馬，交還父母團聚如禽。又要工藝振興將謀活計，免佢一家抵餓係噉淚長淋。更設貧民多義院，一般孤苦任意收臨。個陣還我自由多幸福，主人積善免災侵。灶下不思烹茶去，泥中免跪把詩吟。正係五更無添香火作伴，赤足何時再踏花陰。呢陣普渡慈航風凜凜。呼聲振。狂瀾須緊挽。切勿負鄰國隆情一片熱忱。

反對蓄婢

新嘆五更　何維新

婢叫苦。哭聲天。天呀做乜生成人類我獨無權。你睇各國富強人道重，同羣保護女界無偏。禽獸無知猶禁虐待，況且人為至靈百體完全，做乜中國堂堂人格又咁賤，大開婢制古今傳。困入奴圈如犬馬，不及外邦牲畜猶勵主人憐。枉佢新化人物把同胞團體勸，安得林肯放奴把我地婢放先。噉就脫離婢制哀痛苦，可比慈航普渡出生天。怎奈世俗人心難改變，你話點能還得我地自由權。

香港蓄婢問題

唉，無可怨。等我略將愁苦訴向月華圓。初更報到月生西，悶聽林間個隻杜鵑啼。聲聲似解奴心事，叫我身如可贖及早辭歸。個陣晚炊燈上嗜嚾閉，兒女刁蠻實在惡爲。抽身稍暇難安睡，又怕主人呼喚麻雀開齊。縱有青衣服侍知詩味，可惜但逢彼怒辱在塗泥。二更明月上窗紗，十載春光變末華。衣衫襤褸飢寒罵，多言偷食險被鎖枷。可似閻王殿上堪人怕，鞭笞火炙面生花。許多酷虐難言話，命賤天生怨自家。喜怒無權如牛馬，正是小星未賦早被雲霞。三更明月桂香飄，記得開筵就近個度畫欄橋。主飲溫湯奴喫冷炙，或時貪夜夢都消。個陣冬風凜冽床難起，都說夜夜貪眠鞭棍不饒。做盡功夫心未了。不滿娘懷惡自招。怨恨許多娘你未曉，啲就摧我地桃花薄命一條。四更明月過雕欄，人比花寒影更單。綠楊枯盡有春歸日，人長何曾轉少顏。顧影自嗟私自嘆，滄頭常望故鄉山。有幸羊亡難虎毒，無綠花嫩被蛛殘。父母團圓懸望眼，獨惜窮身容易贖身難。五更殘月過牆東，愁倚闌干十二重。刻薄相沿成惡習，文明誰爲挽頹風。怎得熱心將善種，男女平權俗大同。設法開通愚婦識，振興百藝女勞工。此後社會文明人格重，更無孤負鄰國情隆。

侍婢自怨

梅花腔　有虞

一自苦。[illegible]交飛。[illegible]，我担顛[illegible]淚，但[illegible]上眼眉。只

七十

爲妨住主人，唔歡喜。出於無奈，抹淚在衫披。我忍淚做人，眞正屈氣。皆因窮苦，骨肉分離。賣與富人，爲侍婢。記得當時分手，母女相悲。娘教女兒，須緊記。呢陣要聽人使喚，正顧得住一身皮。老母唔在身前，知保重自己。時時提點，免至捱饑。主人跟前，須要避忌。縱然打罵，不用淒其。將別個鴉頭，來比吓你。可見身爲人婢，要受人欺。主婦身前，唔到你企。重要立人背後，莫个相離。邊個母女做人，如此命蹇。賣入人家，分出尊卑。捨得一宿兩餐，唔係咁絕地。娘親唔食；都愿女兒肥。今日娘言，猶在耳。娘親在否，自己唔知。娘又不知，我生與死。除是相逢，在夢裏時。或者又當女兒，呢陣得意。我爲家中，又想到淒。盼望爹娘，有個好日子。又怕唔輕易。想吓爹娘賣我，自巳又心辭。

爲人婢。十世唔修。開聲便罵，臭鴉頭。自己何曾，敢駁過一句口。重要勉強歡容，點敢話愁。唔論老少與及女男，都要我將就。人人可以使喚，冇一陣停留。脚冇停時，又不歇手。重慌人唔合意，話服侍唔週。邊陣唔係聽前，和立後。眞正使牛唔知，辛苦隻牛。就係鐵骨銅皮，應要有一陣抖。偷閒一陣，又話要把佢筋抽。想吓自己厨皮，點共籐鞭鬥。只有吞聲忍氣，苦住條喉。歎氣都怕俾人[illegible]，開[illegible]日。[illegible]，又話太[illegible]

。笑面向人，必有弊竇。一言一笑，都不自由。還有件事情，令我醜。少主人𠱁食（𠱁借用，即背人取物食也），賴侍婢來偷。正係盆上種蓮，寃屈藕。大抵身爲人婢，有十代寃仇。氣力要受人磨，人氣又要受。賣女過人家，即係把女命收。隨落陷坑，無法可救。思前和想後。我難阻腮邊，兩淚流。

忙繳淚。繳極總唔清。唔通副眼淚，都唸代我唔平。唉，淚呀，我忍淚做人，你須要生性。做乜我淚痕抹淨，你又混滿眼睛。我好似水上浮萍，身不定。淚你又似江河浪跡，總總唔停。點得流你忍番，同我咁忍頸。任得心中愁苦，冇淚無聲。記得我在爲女，時常病。親娘爲我，冇日安寧。今日身入人門，非係無病症。縱然有病，講過乜誰聽。係小姐姑娘，尚有名醫請。故此我十回得病，有九次病唔成。就係身似火燒，都話微微慶。(借用)比係姑娘身份，合家驚。都係身爲女子，可惜唔同命。小姐共鴉頭，咁就貴賤分明。重添小姐一呼，若快應。應遲一陣，又話妹釘。佢着衣裳，要我洗淨。比然唔淨，好似官府下嚴刑。有陣夜深，人對影。將人。己，抖氣連聲。都係做人，乜要聽人命。唔通眞整定忙想來想去，總唔明。

人做小姐。我做將鴉鬟。將人比己，要喊一餐。點解我要咁辛勞，佢要咁歎。我十成學一，亦咁爲難。人食飯時，自己要裝飯。唔通淨係佢，正有父母來生。餸在檯頭，隨佢揀。我邊餐唔係，飯冷羹殘。佢食己勝人，起又晏。我起時多係，月影窗間。咁久何曾，穿過新布眼。重鬧我身屍唔顧，未免受人彈。未必做到主人，唔知我衣履有限。唔係屐頭穿眼，就打出手踭。二樓衣裳，容[illegible]易爛。話我身屍唔顧、不過佢自己遮顏。况且伸腳落[illegible]，要除大腳板。要我上床過骨，腳正洗番。淨係有屐無鞋，天冷腳硬。故此天時寒冷，自己就心煩。重話背做工夫，唔覺冷。熱天汗汁，天冷又淚點斑斑。都爲主人，用婢成習慣。窮女多磨難。我幾迴想死，當命爲閒。

盲人十諫

有虞

開口唱。自表一番。你估我所因何事，對眼噌盲。人話我好事多爲，正盲左雙眼。點知我在娘胎裏便，己自冇眼來生。出世到如今，無一樣可分辨。生人唔生眼，自己實見心煩。咁就可見我眼盲，係替前人受苦難。前人多作孽，後手必然差（讀爭）。只爲先人，曾有用婢習慣。故此折墮兒孫後代，對眼噌盲。

第一諫。莫用鴉頭。睇吓我盲人，你要替後代担憂。米個淨係顧住目前，盡命歎到够。怕你他日兒孫，總有一日淚流。顧住目前，唔顧吓後手。後來有一個盲人乞食

香港蓄婢問題

，歷代刁羞。正係作孽太多，留落子孫受。切莫將人親女，做你馬牛。

第二諫。莫做媒人。帶人女去賣，即係把佢骨肉相分。睇見佢涕淚紛飛，心亦上忍。做乜見人流淚，你去撈銀。係咁忍心，還有邊個敢近。就係身爲子女，亦不敢共你相親。今日可以賣人，他日噲賣子女個份。試問誰能長保，永遠唔貧。

第三諫。莫個賣女兒。賣斷過人家，生死不知。睇吓賣女過人，寫個張紙。稍有人心，都噲滴淚時。話有乜山高水低，唔關買主事。再聲明不准到探，探聽都唔依。咁樣賣斷女兒，即係當你女死。任人虐待，把佢凌遲。

第四諫。列位姑娘。米估話有鴉頭使喚，正得上香。或者自己將來，同佢一樣。誰能保得，富貴年長。古語有云，有福莫盡享。又難保他日嫁着郎君，永冇心傷。富者噲變窮，窮又一樣。點知到後來要幹，莫個爭强。

第五諫。衆位少爺。積吓陰功，勸你伯爺(喃讀)喝婢呼奴，唔係好野。免至將來，令你心裏斜。想有個好兒孫，就米用大姐。手又唔跛，使乜佢扭遮。肯解放鴉頭，人地永世多謝。將來見你，笑口騎騎。

第六諫。莫個施派。後人福澤，你莫個享受埋。一世都要用人，怕後代同你還舊債。家有鴉頭，重使乜食齋。今日你買人，或者他日要將女賣。上好沉香，都噲當作爛柴。斷冇話富貴繁華，歷代不敗。現時雖好，後日點能猜。睇吓街前，幾多乞食太太。只爲初時用婢，今日正有難來捱。

第七諫。莫用人拖。若然買水，又冇對頭鑼。出入都要人扶，怕噲折墮。攔街兀地，只爲跛拖。大抵從前，曾要人拖過。佢呢陣冇人拖手，又如何。都爲享福太多，正有此禍。作孽多時，受苦多。若果今時，用婢一個。難保他時，不受折磨。

第八諫。莫個要婢斟茶。指手埋灣，一實帶差。有婢之時，重話頂架。一時無婢，怕落你棚牙。個陣上免他人，談論吓。話從前享福，折墮咯而家。婢女個層，唔用亦罷。一貧一富，並冇揸拿。

第九諫。米咁勢兇。得容人處，且把人容。都話針唔到肉時，自已唔知肉痛。籐條到肉，痛到心中。人地骨頭，己自俾你使用。都係出於無奈，爲家窮。睇見人窮，應要心動。要佢骨肉分離，太過冇陰功。重打罵時常，好似仇有不共。唔通代代，都有兩個爛臭銅。

第十諫。要看吓上天。莫話見人窮苦，絕冇哀憐。有錢人家，要多做善。望後人唔折墮，要做吓好事爲先。我只爲先人作孽，今日正無眼見。我盲人先代，亦係大把金錢。皆因手上有錢，唔肯做方便。呼奴喝婢，快活無邊。淨係買婢歸來，將佢作賤。致有兒孫後代，不連

七二

綿。

十諫唱罷。你聽分明。人有慈必，後代更興。雀鳥而且放生，何况婢命。婢唔開放，枉有放放生名。自後唔買鴉頭，誰個不敬。就係盲人聽見，都定吓眼睛。只爲放婢實行，我亦勸聽。忙叫請。前途多喜慶。陰功積吓，就安樂家庭。

反對蓄婢文

駢體　何少翰

嘗聞上天有好生之德。同類有愛感之情。脫非梟獍爲心。忍傷骨肉。儻異虎狼成性。詎害同羣。披髮攖冠。尚救鄉鄰闘鬩。解囊賑粟。也憐殊域災黎。矧食貧而傭鬻他家。世亂而販歸異地。青衣作賤。誰非父母之身。赤脚堪悲。究屬同胞之誼。正宜大開方便。憫小女之無知。豈可妄肆摧殘。留兒孫之作孽哉。

慨自習俗澆漓。頹風刻薄。丫頭結隊。垢面羞人。雖知書索著。難逃鄭氏泥中。而任織親勞。莫脫龐家竈下。無論愛歸並騎。追婢不顧居喪。假作吹簫。仗婢終能降敵。究有礙夫民風。亦大乖夫人道。况夫妄作淫威。怒臕毒燄。痕傷面目。號天而辱下鞭笞。痛切肌膚。灼火而刑用炮烙。券成斷賣。昭君之返漢何年。逼效私奔。紅拂之歸楊無日。則勿論畏罪投河。含冤服毒。玩供枕席。慘墮烟花。己受無窮之苦。盡失自由之樂矣。悲莫大焉。恨何如之。

是宜消除惡習。喚醒群儕。上體天心。收回人格。憐香有願。何堪使五夜添香。搖扇自司。奚忍歌九秋團扇。則必宏開義院。恤彼貧寒。歛集公家。育諸孤苦。嚴行公例。絕詭名之惑愚。杜盡奸謀。免媒婆之貪黷。主人情重。焚券豈讓田文。心理心存。放奴共師林肯。則千百年凄風苦雨。普渡慈航。億萬家棘地荆天。化成樂國。疇謂狂瀾莫挽於既倒。社會上復放光明哉。

勸女界釋禁蓄婢書

逸人

女界同胞通氣。伏以法律每視習慣以轉移。習慣亦因時宜而遞變。並行不悖。亦相需而成。即蓄婢一端。在人道主義。實絕對不能相容。惟習慣成風。則一時確難驟革。故執法者。向亦法嚴行恕也。乃者世風又變。人道大昌。外人提倡。實爲我棒頭之喝。問題含畜。須聽他絃外之音。非謂做事須襲外國皮毛。惟此舉實關女流體面。妹仔解放。用昭人道之平。大衆齊心。休負外人之意。然而從來虐婢。蓋嘗以貴界爲多。故禁勿買妹。亦應由女流爲始。况呼奴喝婢。在闊婆自以爲派。而整鬼造乖。于女主亦多不利也。謹陳其畧。用証非誣。（一）亞扎時代。雙趺荷校。三寸凌波。既舉足之維艱。實丫頭之難缺。况鎮日之裝烟打扇。不可無人。出街之跟橋担遮。更須侍女。今則圓膚六寸。花樣既撻之而一新。

即見脚雙纏。菱角亦炒之而兩味。自此而脚穿革履。幾乎推倒北風。每出而手揸絹遮。那管謂行多露。坐車又必須摩托。何庸妹仔貼身。買野則親到公司。只許老公跟尾。若家庭內。則扇搭電燈之線。不用人搖。烟吸紙捲之庄。非常自便。做飯餐有打工之婆。(𠆧聲)洗衣服有大姨之媽。凡遂事以細思。無養妹之必要。况愚者益如鹿豕。徒撩大少奶心痛之憂。(俗有有得駛心痛沒得駛脚痛之語)靚者媚花狐狸。又惹主人公牽情之弊。(朱子家訓婢美妾嬌非閨房之福)此則在富室婦女不宜蓄婢之明証(二)自皆親生嬌女。胥不嫁作偏房。想揾亞奶。是必求之妹仔。風氣如是。習慣相沿。以是守節寡婆。梳頭亞媽。皆好蓄靚婢。以備富家納妾之取裁。蓋其嫁得闊人。又享育女報恩之利益。比者世風丕變。凡事不拘。娟娟淑媛。竟自跟人作妾。堂堂校長。忽然嫁做亞奶。他如各處做戲之女伶。又大率嫁人爲妾侍。可見近人選妾。非止取于妹仔之一途。然則寡婦養妹。亦不是生財之捷徑矣。至若一輩梳傭。百年歸老。自有契仔担當買水工夫。何須養此拖脚之搥。由前之言。既不能圖利。由後之說。更快宜轉機。此後不必奔奔波波。入城標會。鬼鬼祟祟。去城買妹矣。此則寡母婆與梳頭媽不宜蓄婢之明証也。基此種種理由。婢制確應禁革。勿謂區區瑣事。大家不肯關懷。况養妹爲各國所皆無。而虐、婢惟貴界所獨有。天下無小變之風氣。自古皆然。人力難强逆乎潮流。于玆爲烈。今既荷外人美意。亟欲拯婢女共出生天。故在貴界蓄籌。更應爲自方力爭人格。且藉天然機會。又好大出風頭。倘不共起籌維。抑亦重辜美意矣。識時務者爲俊傑。不必問卦而行。審機變者。英雄。倘其投巾而起、誰將鄙見。敬獻于貴界多嬌。爲議神經。只付之嫣然一笑爲幸。事關婆德。實具婆心勿統請婆安。伏惟婆鑒。絕對反對婢制份子上言。

◎紀事及文件第五

研究婢制問題之大會

香港婢制問題，中西人士屢有研究，其主張廢除婢制者，多持維持人道之說，謂在人道主義之下，斷不能容此婢制之復存，其主張暫存婢制者，則以中國生計問題爲言，蓋謂中國人生計困難，其貧苦者一家數口，不能自食，則鬻賣兒女，亦屬迫不得已之苦衷，若竟禁之，是無異迫其餓餓以死，此主張廢存之兩說也，最近英國希士勞活夫人復在英國提倡廢除本港婢制之說，英政府乃將案提交本港定例局研究，以憑解決，於是蓄婢問題遂爲全港人士所注目，定例局華紳劉鑄伯何澤生二君，乃登出通告請閤港人士到太平戲院公同研究，搦集衆議，以定從違，其通告云，啟者現因有人在英京下議院提議，並在各方面鼓吹，請理藩院令行香港政府取締我華人養婢之舊習，故特請我旅港華僑于陽歷本月三十日即星期六下午兩點半鐘，假座太平戲院將下列各欵細爲研究，茲從衆取决，將公共之意見詳呈港政府，俾知適從，此事關于我華人習慣甚爲要大，屆時務祈踴躍蒞臨公議，幸勿放棄，是所至盼，計開（一）養婢是否係養育以爲婢女，（二）爲婢者是否爲奴，（三）爲婢者是否供男子取樂之用，俟男主人厭棄之時，即轉售與他人，（四）養婢之習慣，中國會例禁否，（五）爲婢者其主人是否可任意將其難爲，（六）其餘關於養婢之內容各事，以上各欵，如經公同研究確屬事實者，即宜請港政府定例永禁，否則亦宜由我華人自行訂定如何維持之，以免外人有所藉口，香港定例局華議員劉鑄伯何澤生謹啟，一千九百廿一年七月廿二日，茲將是日會議情形紀錄於下，

是日到會者計約三百餘人，耶教人亦不少，蓋耶教人對此問題，極爲注意也，婦女之到會者十餘人，并有女子在場糾察，西報訪員到者數人，并有華人隨之傳譯，場內生花係工商會報効，搭棚係同敬工會報効，各工團有出任義務在場糾察者，主席爲劉君鑄伯；左爲何澤生周少岐，右爲曹善允周壽臣，餘如李葆葵李亦梅李幼泉葉蘭泉羅旭和何世耀尤瑞芝岑伯銘黃廣田等諸君，皆列坐台上，兩旁座位則爲中西報界訪員，秩序頗爲齊整，兩點三角鐘搖鈴開會，劉鑄伯君起立發言曰，今日邀請列位男女界到來聚議此事，係關於我華人之習慣及華人之體面，茲事頗爲緊要，務請列位持平將自己目擊耳聞之情形，詳細表示出來，以使當衆研究，近數月來英國有人在下議院質問云，香港乃英國屬土，何以仍不禁止買奴，又何以任爲婢者被主人虐待，均經本港政府將內容詳細辨明，又經西報訪員到敝處求取意見，照登報上，今復有人在英京各方面傳說，謂我華人在港購蓄婦女爲娼，爲男主人之享用，而享用厭時，即轉售與他人，及婢女每受主人苛待，常被鞭撻等等之殘暴，力請英廷令行本港政府立例禁止購蓄婢女，或限制蓄婢之家，要其報名註册，並派差時到其家視察婢女，今鄙人先將自己向日所目擊耳聞之情形逐層表示，請列位諦聽，與列位之耳聞目擊者比較何異何同、然後定决、人之謂我者全係實事否，我之謂人誣責我者又係實事否，總而言之，吾人須細心看想人之謂我者如非實事，即當証出其非；並將蓄婢之實在情形詳列呈明本港政府，以便轉達英廷，至於其中或有少數無意識之主人。苛待其婢女者，吾人又當設法使其勿加苛待，西人對於禽獸之被人虐待，尚爲之設會維持，何况吾人對於自己之養婢，有不爲設法維持者乎，茲謹將鄙人平素對於我華人蓄婢之情形，所

目擊耳聞者，詳加論列，請列位聽後，詳細研究是荷」奴婢妓三種人，考諸史籍所載，已歷有二千五百餘年，妓爲周朝齊管仲欲富國聚民起見，特設女閭以招賢者，中國妓女，即由此作俑，奴婢則自秦漢時代始有買賣，前均屬犯罪之人，罰而爲奴爲婢者，係男子一經爲奴，則其子孫代代爲奴，除其本人自有積蓄或有親屬備資求贖，得其家主允許，方可脫離奴籍，至婢則屬少女，與爲妓較有分別，婢長大則嫁，嫁後如仍願與主人來往，則可與主人交接來往，一如親屬，不再在舊主家服務時其未長嫁時、其父母可能備資往贖、若不贖則至長大嫁、，主人亦須通知其父母，俾知其住處，可與男家來往，成爲親戚，在奴婢妓三種人，除奴一種外，至今中國並未實行禁絕，至爲奴者，在清末葉時，始有開放之明詔，然漢制與唐律均有愛卹奴婢，如殺之或灼炙之，均在禁例，中國舊日之立法，除頒行之律例外，如上諭及官廳所出之告示，亦均認爲法律，非如立憲國法律必由上下議院討論而產出者也，前清末年，祇有放奴之上諭，並無禁婢之明文，間或地方官因見拐騙婦女之事日多，有出示禁止販賣人口出境者，然亦不過一時一地之命令，民間買賣人口之習慣，固未嘗因此而遏止也，此可証明無禁止買賣婢女之定例矣，至內地蓄婢，有寫契據聲明賣斷者，有寫送帖者，寫送帖者印以送字避去賣字，

而將身價改爲賚酬金，以示別於售賣人口，廣東人之蓄婢，均用送帖者爲多，又買育少女爲婢與妓不同，爲妓者爲法律所嚴禁，大清律例有載，不准買良家婦女爲娼，犯者嚴究、故買育少女爲妓之人、多稱買以爲女，或爲童養媳，每由遠處買來，以避其父母之察覺，或在年幼無知之時期買育，使其長大，不知有生身之父母，此等買與育婢者不同，今日英國所責難者，係將育妓與育婢混而論之，實不明其內容也，香港保良局之設，係爲防範拐騙販賣人口之弊，所以凡由內地來港爲妓或出洋爲妓者，均須先到華民政務司署問話，倘年歲不足，或言語糊塗，則發交保良局紳董再行查訊，如屬被拐或被騙者，則將其携來之人控官懲辦，如屬騙誘爲妓，而本人被惑，並非出於素願者，則留局擇配，查在港爲妓之婦女，多由內地移來，間有少數係本港居住之婦女，此種若非係名節已壞不能嫁人之人，即係甘願爲賤不願爲良者也，其中亦有由鴇母從內地購來，養大爲妓，至於婢女，如遇有受主人虐待，保良局亦收留代理，查在港之婢女，多由內地購來，甚少在本港買賣，現香港華人，多知本港政府不願人買賣婦女，亦知受人騙者無法挽救，歷經發生有案，其將女出買者，多有串同媒家，於交易後，即請伊女走失，或被人拐騙，直往買家索還其女

，而分文不賠回，買家又不敢報官控追，以此之故非詳知底細者，多有不敢輕易買受也，日前鄙人對西報訪員所陳各節，今不欲再言，以免多費列位之光陰，亦不欲如前與他人之辯論，再行剖解，惟他人己聲言謂此次叙會，係爲保存育婢之習慣而設，似無庸辯爲非是，緣列位均知婢女之事，係關於中國經濟問題之一種，中國人民生計一日不能整頓，凡欲禁絕之者，均不能去貧民之苦況，誠恐反而增之也，又請叙會之告白內，經已聲明請列位來研究，他人之責我者，取衆意以証其訛，可知非專爲保存而設叙會明矣，旣將奴隸及婢女問題詳論，今將僕同事定例局普樂君問題，孖刺西報主筆問題，剖解該兩問題，係請今日會議之告白登場後，方刋登於報者，

登報請研究之蓄婢問題

一，養婢是否係養育以爲妓女、

二，爲婢者是否爲奴，

三，爲婢者是否供男主人取樂之用，俟男主人厭棄之時，則轉售與他人，

四，養婢之習慣，中國曾例禁否，

五，爲婢者其主人是否可任意將其鬻爲，

六，其餘關事養婢之內容各事，

孖刺西報之問題

香港蓄婢問題

一，服役家務是何意義家奴，是何意義，

二，買蓄婢女多屬慈善性質乎，抑爲營業謀利乎，

三，如買婢係因慳工金起見，有何法以防其苛待之乎，

四，蓄婢之家，享受其中利益者，豈可以之爲公証，以取決禁止蓄婢乎，

五，蓄婢之習不禁，豈非分種類乎，

六，苛待婢女之人，肯到此叙會，將情由實說否，

普樂先生之問題

(一)買婢之人，是否有權以其婢爲享用品，(即男主人任意令其婢爲妾或爲所私之婦)及可任意令其婢操作家內各項工作，(除刑事法律所禁止者)

(二)買婢是否爲省儉費起見，(即如婢蓄每月不用給予工錢比較雇工相宜)

(三)是否多假借買婢爲名，實蓄養爲妓，

(四)買婢之人能否將其轉賣與別人，其轉賣時例應商知其婢之父母或原賣之人否，

(五)婢之父母或原賣之人，能向買家備價贖回該婢否，

以上各問題，須俟明白答復後，吾英人方知爲婢者係屬何等人格，然後定決應否准在本港買蓄，或將此風改良，

答覆上列問題，僕今將己前及近日所採集各方面意見及目擊耳聞者先爲言之，然後請各位將意見及所聞者剖白

七七

，蓋此種意見，係該兩問題最中要之點也，雖不用着層仲論，然亦畧依次序言之，因今特欲將事表白，故日前之言論再復取提，(一)有兩等人購蓄少年女子，彼此不同宗旨者；其一蓄婢爲家常服務者，其一係購買爲妓者，此兩等人不能混合，蓋蓄少年女子爲家常服務者，係顧存名譽之人，實不願以烏龜自居，以汚其名者，況買人爲娼者，常受當道之牙爪及土豪敲詐，爲人類所不齒，凡買少女爲娼者，必須秘密從事，實爲例所懲辦者也，而家常服務之婢女，若非其父母及本人允願，不能逼令爲娼，凡此罪名者即要賠償巨欵，并以法律懲辦，又要將女子交回其父母，并不給値，凡購買女子爲娼者，必須與其父母特別訂約，給以重價，有時記言買爲育女，職是之故，賣契有三種送稿，開身契，育女契是也，(二)今日中國實無奴隸，雖或有之，亦係少數，然亦非以奴隸對待者，蓋此等人或因不欲離其舊主人，因其東主所給之工金，比之別處更豐也，向來女子不以奴隸稱者，女子於年幼時購買者居多數，而無人願買年長之女子，蓋年長者實難管束，又因數年後即要出嫁也，此等年幼女子，因年太幼，未識料理其本身，其主人之僕婦或其妻女爲之穿衣洗浴等事，直致年長方能有用，其父母亦准常到探視，并留其住宿，給以飯食，并其來往費用，亦多由主人發給者，更有富厚之家，亦常送給銀両

及舊衣服等與之及常有以其本族之女子爲婢女者，，凡同姓名之女子，不能結爲妻室，又不能作妾，家中事務，均由主婦經理，若男子欲立之爲妾，必須先與其妻繼與婢女之父母商酌允洽，又要該婢女願意方可，若秘密作事，雖婢女本人允願，亦必要其妻答應方可，對於其妾之婢女亦然，凡男子與婢女作事不正當，則有種種危險、若男主人與其婢女苟合後嫁與人、其夫見得該女子不貞，而婢女認明此事，其男子非獨爲親朋所鄙，并受其妻妾咒罵，更要賠巨欵與其夫及其父母，又有等有勢位之人，私立其妻或其妾之婢女爲妾者，但必要納賄與其父母，另尋地方居住，在後生育兒女，亦承認爲正式後裔，亦有究婢女爲妾，未先得其妻允肯，致惹起家庭大風潮，逼得私交巨欵與之送回其父母，守候與否，聽其自擇，任從轉嫁別人，又聞有立婢爲妾而得寵專房，將其妻與舊妾打落冷宮者，此則華人所謂欺妻寵妾也，爲法律所禁焉，未聞男主人可隨意將婢女爲所欲爲者，(四)中國政府直至今日尚未頒行法律禁買婢女，於中華民國初年，粵垣警廳試行之，通令蓄婢之家將婢女交出，將多數婢女設所留養，未幾則諭各家收回婢女，因各婢女在居留所未有如在其主人家內有好衣裳及好食用也，故大爲嘈鬧，而年長者要警廳代覓好丈夫，或准其出外自由配擇，而年幼者又要僱使媽撫養，如此繁難，不

勝其援，加以貧寒之家，有自願將女送入居留所者，職是之故，事不果行，當新人物，曾獻議將妾婢兩種禁絕，惟事難行，終議不成，

(五)凡女子售與富厚之家，極為安樂，甚少工作，若售與中等人家，工作或有艱辛，或亦甚少工作，全憑其人有福與否耳，在富厚之家，婢女為其子女作伴，跟隨主婦出入，或學做針黹，或侍候到探女客，在中等人家，則幫助煮食，縫紉，洗衣，洒掃，往市購物等，然此等服務，其主人之女亦為之者，為婢者定必衣食豐足，若隨同父母，難免有饑寒之慽，亦有女主人過於苛求，或品性過烈，或兇惡薄待婢女者，此等婦人品性生成，待自己女兒亦一式，常有婢女因刁頑懶惰不服教訓，其主人自願交回其父母，任從交回銀多少，凡除寫開身契之婢女，(立此等契者廣東甚少)其父母常到探視，為主人者，必須報知如何相待，及有何項工作，若其父母勸其，又可能將女贖回，或婢女為主人薄待，其本人常有錢父母將他贖回，再找尋好人家領受者，對於婚嫁事，其父母亦可發言，常有因未得佳偶，其主人勸其交回欵項若干，帶回家擇配者，而男主人常阻止其妻妾將婢女薄待，以佢存名譽者，若有刻薄等事，其僕婦與鄰人等定必知之，該婢女亦定必講及，而因此逃走者亦屬不少，至於薄待等事，雖係其本人兒女，局外人鮮有不喧傳者也，然暴虐之事，實為法律所禁，若地方官查出，定必懲辦焉．有多數婢女學識理髮針黹等，不願出嫁，自願與主人酌商，再留服務一兩年，期滿時，或往列處僱工，或仍在主人處聽命，辛金照給，此則所謂婢女服務時期，約八年或十年，為主人者要供給衣食藥費等，凡親朋賞給僕人利是等，婢女亦沾潤焉，婢女因此常有積蓄多金者，若其主人見其婢好品性，有給以首飾配戴者，此等獎品，有時與其身價相等，，則所謂許其自由矣，

(六)凡衣食豐足之人，决無將女賣作婢者，而所賣者均係無工作或為饑寒所逼之人，有時將其女售賣以救回其生命者，或因藉此得欵以抒目前之苦况者，或免其別兒女餓斃者，又有售女以抵葬費者，或有因地方官逼交稅捐或罰欵者，若逼于此等事，雖其幼仔亦要售賣，凡賣仔者不能贖回，蓋買仔者係用作螟蛉者也，惟女雖再轉賣亦可贖回，婢女多係由四歲至十三歲買入，至少要候至十歲或十二歲方能有所操作，其實在服務時期，係由十二歲至十八歲，到十九歲時，婢女則發生意見，必要設法嫁之，或與之酌訂條件，賣婢之價值，以每歲計每歲由十元至十五元，若於四歲買入，其價值四十元或六十元，在饑荒地面其價較平，前次北省苦饑，男女鬻之數奄奄待斃者如此之巨，其父母懇入收領，幷不取價值，但此係意外之舉，不能併論者也，婢女逝世，必要將

香港蓄婢問題

之安葬，不能向其父母追討損失及費用，然由四歲至十二歲，其衣食等費，及其父母間或到探給以來往及食宿費用，此數必要計入於買價之內，盖由十三歲至十八歲方能服務，由十八歲至二十歲出嫁，身價若得一百者，必要扣出五十元至七十五元為出嫁衣裳之用，并將其所積蓄之利是等及所配戴之首飾亦一併相與也，然婢女係當作家內人，可信託照管貴重什物，至少可服務八年或十年也，感情之婢女，出嫁後亦有與其主人作親屬來往，照舊習互相提携，彼此有關係，尤與兒女交情更篤，而對於婢女方面，其幼時免受饑寒，學識針黹，又識字，又習染好行為，若係貧人之女，焉能得此也，婢出嫁與人，又得好人家，若有餘資，又可能相助其父母兄弟，盖有多數婢女，因嫁得好人家，有資以扶起其父母兄弟者，有等村鄉初生女孩，無人領受，將之溺斃者，若一窮漢，其入息不敷養家中衆口，逼得將其兒女捨棄，或逆其妻亦能不保存，至於其年邁之母，亦憑人憐卹而己，以上理由，可能答覆慈善及謀利問題也，尚有數小事，可能研究者，於未有奴婢之前，子姪奉侍女兄叔伯為女者，侍候老母伯母等，則經書所言，卑輩向尊輩定省晨昏，為命是聽，執卑賤之役，加以勞力於田畝及畜牧等，並無工値者也，若未得尊長之歡，即背鞭跪下請撻，若有尊長命其死，亦不得不死者，無論公平與否，

亦無法可挽救，自有奴婢之後，為子姪者漸漸去除擔負，以奴代之，此等舊習，現己全失，與今日所識者實係不同，我英人朋友對於妹仔問題，謂係屬奴字意義，故要詳解，而前者西報向僕詢問，經己將意義詳論，照吾人意見，為父者積蓄資財，遺下其兒女，亦係奴字意義，蓋不辭勞苦艱難博利為其兒女謀幸福，非奴而何，故為子者可稱之為東主，為父者可稱之為奴矣，即如余為汝作事，余亦可稱之為奴矣，蓋余為汝幹事，亦入奴字之意義也，凡妹仔或僕人所做之工作，未有若中國內地農民妻之工作如此艱辛者，蓋彼輩天未曉則起向河或井担水煑飯；向山上割草伐木為薪，帮助掘地種植，補縫衣服，撫育兒女，養雞猪，侍候家姑，或織布製線洗衣舂米等，由天明至入夜，終日勢苦，日日如是，并不少息，雖其子長大立室，其工作亦不息，蓋仍要助其媳作工也，而所衣所食均極劣，又當其夫生氣時，致被責罵，或被鞭撻者，此等婦人各處地方均有，所謂妹仔者，係此等婦人之女，其母如此艱辛，方能保存生命，為女者其苦况可知耳，常有年少女子，在山上看牛割草，負重來往田中，此等女子，長大即係此等婦人也，

至謂妹仔問題，有關乎分別種類之說，此說余不甚了了，若謂此係華人習慣，若不去除，華人則終係華人，英人終係英人之說，然雖立例廢除，亦不能使兩種人之情

性思想聯合而爲一者也，然種類分別最昭著者，莫如現時所行之華人則例，設立華民政司，特別留開地方，與歐洲人居住，又祇係華人犯罪者施以枷號示衆及笞刑等，此說本不欲牽入今日所議者，然因孖剌西報詢及分別種族問題，故畧爲答覆矣，今日在座諸君，有多數朱從妹仔者，故今日之意見，非係因養妹仔有益而發表意見者也，對于廢除與否，余未有何種關係，所要磋商者，係對於貧民有莫大影响，然若廢除之，此等女子與其父母實有益與否，譬如今日香港政府照十年前粵省警廳一式行事，則有一萬至一萬五千婢女交出與政府接管，其中有年紀幼稚者，有年己及笄者，此等婢女，係撥公欵以養之乎，抑或交回其父母乎，若有多數父母不願意歸政府管理，或不願回去與父母相處者，政府則施其權力，將凡有婢女之家遂離本港乎，或强將婢女牽去，另擇地方留養乎，前議在港建設工藝所以教育在街上無牌照售物及犯罪之童子，尚恐內地之童子源源而來，人數過多，今若將妹仔之數減少，豈不畏娼妓之數大加特加乎，然所謂養女者育女者，係一種人欲買女子爲娼之掩耳盜鈴名詞也，余今己將所採集意見伸說一切，還請諸君答覆此問題，及呈遂意見，免爲人指責，及是否有不合之處，必須干預者，

主席發言畢，繼由何澤生君發言曰，此事係由英國希士勞活夫人發生，其詰詞即爲吾人今日研究之資料，以本港歷任官員如梅含理大人駱檄大人蒲魯賢大人金文泰大人馬斯德大人夏理德大人胡樂甫大羅士大人法禮著大人及數十位於候補時期，均曾在廣州省城數年學習華人言語風土人情，其於華人習俗之見聞，未必在此婦人之下，如果養婢有諸多弊端，何以並無一位獻議禁止，或取締呢，是日問題六條，謹將鄙見依次序上達尊聽，伏望諸君各抒己見，以便採擇施行，

一，妓女多由豬花而來，養豬花者多屬鴇婆之流，其養法與養婢不同，多作蝦蛤看待，不供服役，妨損其容顏手足，以冀長大多賺資財，供其養母之用，親生女兒亦間有爲妓者，至于婢女甚少當娼，蓋主人不敢將婢賣落河下，誠恐該婢或其父母控以賣良爲娼之罪，不獨本港有例禁人賣良爲娼者，即中國亦有例嚴禁，

二，奴與婢大有分別，爲奴者代代不能脫離奴籍，中國於前清經已禁絕，爲婢者一俟出嫁，便有自主之權，

三，爲婢者係以供役使，間有主人收爲妾侍，亦要該婢願意方可，罕聞有被男主人玷污後轉售他人者，蓋中國婦女最重名節，豈易玷污，萬一有此等情事，其婢之父母斷不肯袖手旁觀，任其主人欺凌而不告發也，

四，養婢之習慣，中國向來未有例禁，前数年陳景華在廣州省城曾有議禁養婢之事，但以辦理不能得手，卒之

香港蓄婢問題

作爲罷論，

五，本港向例處虐待婢女，定以監禁之罪，但即使親生兒女，如有頑皮或不遵教訓，父母尚且施以薄責，至於婢女何獨不然，

六，中國貧苦之人，如有兒女數口，撫養艱難，將一女賣與人爲婢，藉此多得豐衣足食，勝過在家捱饑抵餓，亦有將女賣去，得回銀両，藉以做小生意以保全一家數口者，如果買婢，恐難免有將女溺死或揸死等弊，本港之婢女，其數約計有數千口之多，若定例永禁，必預先籌善法將此數千婢女妥爲安置，方可，況香港例禁，而內地不禁，亦無補於事，倘要婢女註册，必須隨時巡視、然難免差人穿房入舍之騷擾、何不由我華人結一團體，選舉値理一班，勸諭養婢之主人，切勿虐待婢女，並有權代被虐之婢女申訴，是否有當，仰祈酌裁，

劉何二君發言既畢，遂請各界演說，於是首由陳君賡虞起言曰，鄙人素來不主張養婢，在三十年前己將家中所有婢女送回母家，俾得團聚，蓋不忍人之骨肉分離也，現下家中己無一婢矣，惟近日英國有人質問本港養婢之情形五條，我華人決不承認，（所謂五條質問者，即一養婢是否係充作妓女，二爲婢者是否爲奴，三爲婢者是否供男人取樂之用，俟男子厭棄之時即轉售他人，四養婢之習慣，中國曾否例禁，五爲婢者其主人是否任意將其虐待，）惻隱之心，人皆有之，我華人其肯作此禽獸之行乎，（鼓掌）爲婢者雖有時被主人虐待，然此等不循人道之主人特居少數耳，即爲父母亦間有虐待其子女者，此誠無足異也，但今日吾人之討論此項問題，意何在乎，蓋本其胞與爲懷之心，爲婢女謀救濟之善法也，但吾人試思人非貧乏至無以自存，又誰肯骨肉割棄者，是賣兒鬻女者之苦衷，皆仁人君子之所惻然動念也，故爲根本救濟之法，宜從維持貧民生計入手，然則何不倡設一會以維持貧民生計乎，（鼓掌）次由潘日階演說，畧謂禁止虐待婢女，係爲應有之事，吾曾親見一婦人，將三婢慘加虐待，至令人不堪寓目，言至此，主席欲止之，旋又請其續言，潘君乃續言曰，該婦所養三婢，一僅四五歲，一約八九歲，一約十三四歲矣，我曾見其虐待一婢，竟至強之食糞，左手持糞而右手執鞭，役幼弱之婢女，固不敢稍示違抗也，又見其勒逼一婢使之跪於局凸蓋上，雙膝之痛苦爲何如乎，其尤甚者，則將竹椅倒置，而勒令其婢跪於其上，復以木盆覆於該婢之頭，然彼猶以爲未足也，乃又再以巨柴一把而置於木盆之上焉，試問此幼弱之婢女、其能受此慘無人道之酷刑乎、則立例以禁此兇悍主人之苛酷，亦刻不容緩之舉也云云，在潘君之意，無非欲將此慘酷情形表而出之，使大衆合力以救濟婢女，其意本善，但座中有多數人以爲潘君所說；

雖屬實情，但當時有西報訪員在座，潘君乃將華人最黑暗之事，當衆揭出，致將華人社會之黑暗情狀，傳播世界，實於華人名譽有碍也，當時何君棣生起言，大意謂鄙人今日到會，本不欲有所表示，但因感於潘君之言，故亦起而一言，鄙人以爲照潘君所說聽來，潘君實爲第一個罪人，，比較該婦爲尤甚也，言至此，滿座相顧愕然，蓋何君此說突如其來，不知其究何所指也，既而何君續言曰，潘君豈不知本港律例不許人虐待婢女乎，潘君既云親見該婦虐待三婢，竟至如此殘酷，乃不將此事告之差人，介爲伸訴，潘君又豈不知此幼弱之婢女，無自由伸訴之餘地乎，故鄙人敢謂潘君之罪，實浮於該婦也，言畢，滿座皆注目視潘君，且有笑之者，潘君亦起而自辯，以致全場譁然，嗣由何麗臣君起言曰，潘君所言，亦非於本問題無關，彼亦發表其個人意見耳，還請大衆從根本上討論，至是港僑負販烟草會主席鍾雲山起言，畧謂中國人生計困難迫不得己，始將子女鬻賣，若竟禁之，是使之束手待斃也，但我亦頗以養婢爲無益，蓋我自己雖不將該婢虐待，難禁我之妻不將婢虐待，更難禁我之子不將婢虐待也，於是提出一辦法，謂宜改賣爲按，雙方寫立單據，按至十六歲或十八歲，即復同該女之自由云云，繼由楊少泉君起言曰，主席先生與在座諸君子乎，鄙人今日得此良機，以與諸君相會一堂，討論此重要之問題，此誠莫大之幸事也，鄙人請先將主席宣布之五問題逐一討論，然後再附以鄙見，諒在座諸君亦所樂聞也，但鄙人先有一言，請諸君切勿隨聲附和，切勿因人多鼓掌，聲勢雄偉，遂亦隨其說以轉移，須知人人皆當有一定之主見也，鄙人請先將問題逐一研究，（一養婢是否充任妓婦）鄙人敢云不是，然亦不敢盡謂其不是也，頃聞主席不云乎，不云有人專槽豬花之說乎，所謂槽豬花者，係由少時買來，養大則迫之爲妓，此係直接使之由良而妓者也，又有初時本非立心買作妓女，但因該婢不遵敎訓，乃轉鬻別人，別人又以頑性難馴，卒之賣落河下，又或有因年長未嫁，弄出弊端，主人不能將其嫁人，乃不能不淪爲賤業，此又間接使之由良而妓者也，鄙人以爲婢制一日不剷除，則拐賣人口之案一日不能減少，蓋有相而然者也，（鼓掌）（二爲婢是否爲奴）照頃聞主席所解釋，謂奴與婢同是一流，不過男則爲奴，女則爲婢，奴則終身服役，，婢則嫁後可復自由，其分別在此，然照此說來，誰敢謂即婢是奴，然則此條似可謂不成問題矣，惟鄙人之意，以爲婢雖與奴不同，然婢嫁人爲妾後，又再受大婦虐待，其痛苦與爲婢時無異，是仍彷彿爲奴者之終身失其自由權也，（三爲婢者是否供男主人取樂之用俟男主人厭棄之時轉售他人）鄙人以爲養婢者，雖未必皆爲自巳娛樂，迨厭棄之時而轉鬻他人者，亦不能謂絕無其人也，（四養婢之習慣中國曾否例禁，此條吾人試細思之，我國古時之所謂奴婢者，係因其父母犯罪，因而罰之爲奴爲婢耳，今日中國之婢女，是否亦如是乎，非也，乃以錢買來者耳，鄙人以爲今日研究此問題者，則養婢之當禁與不當禁而已，如以爲不當禁，則可無說，如爲保持人道計，同認無此婢制之不可復存，則徑行禁之可耳，何待問中國之有日與無例耶，鄙人請設一最近之譬喻以明之，譬如本港例前非立例以禁業主起租乎，然吾人斷不能謂中國未有禁業主起租之例，本港不應獨有此例也，故鄙人以爲養婢應禁則禁之，無援引中國曾否例禁之必要也，（五爲婢者其主人是否任意將其難爲（此條任意二字須審察，須知世間無論何事，皆不能任意爲之者，香港政府對於一雞一雀，亦有例以保護之，不許人任意虐待也，婢女亦是人類，更安有許人任意虐待之理，且本港有華民政務司管理虐待婢女之事，又有保良局保護婢女，是婢女之不能任意虐待，已彰彰明甚，惟各位須知，以一無知識之女子，被主人虐待時，能躬身往向華民政務司或保良局紳投訴否，鄙意則以爲絕無也，婢女爲主人虐待，倘無旁人爲之護助，則惟有含寃負屈而已，以上五問題既答復如此，鄙人尚再有研究，於是續言曰，諸君乎，婢女之失其自由，其感覺爲至慘也，且婢女之寃屈，爲主人者亦多不覺，譬如有一婢爲大少則令其出廚取水，而大少奶又令其裝烟，蓋大少奶不知大少已有使令在先也，婢只一身，安能同時兼作二役，答應稍遲，鞭撻隨之矣，設該婢欲將此事說明，則主人又必斥其大膽駁咀，聲未出口而藤條又至，是爲婢者雖有寃屈，而無伸訴之餘地，其痛苦爲何如乎，甚而作工無一定之時間，三更半夜，無時或歇，深宵之時候方終，清早之呼聲又至矣，此非將婢女之自由權剝奪淨盡乎，鄙人以爲婢女與妓女比較，若以名譽論，自然爲婢較好，其餘各事，則爲婢實慘於爲妓也，吾人呼妓侑酒，將妓灌醉，鴇母且出而干涉，若婢女則無論如何寃屈，皆無人爲之伸訴也，且婢女不獨被剝奪其爲婢時之自由權，而已失其終身之自由權，且已被人剝奪，其子孫之自由權，亦已被人剝奪而無遺矣，何謂終身自由權亦被剝奪乎，蓋婢女多作人妾，而大婦亦多存嫉妒之心，爲男子者則多畏大婦，往往唯大婦之命是聽，設有寃屈，亦將無由伸訴，與爲婢時無異也，何謂子孫自由權亦被剝乎，蓋大婦所出爲嫡子，妾侍所出爲庶子，照中國習俗，庶子不能與嫡子享平等之權利，其不平孰甚乎，（鼓掌）據此種種以言，則爲婢者之自由既已剝奪淨盡，爲婢者之人格如何益可知矣，故婢制在今日，實不可任令留存者也，楊君又言頃聞主席先生所說香港賣婢是寫立送帖者，與內地之寫立開身契者不同，蓋本港例禁買賣人口也，惟鄙人之意，以爲寫送帖與寫賣契，表面雖不同，實際則無異，騙易賣契爲送帖者，不過爲規避禁例耳，鄙人敢謂此欺其政府也，(鼓掌)養婢之習，實於國家之强弱有關，中國地大物博，人又至衆，何爲一弱至此，此無他，有人格之人少，無人格之人多耳，婢女失教育，無學識，自由旣被剝奪，人格所存者幾何，其所生之子女，以嫡庶關係，不能享平等之權利，是亦不能完成其人格，是則養婢陋習，實足畀中國一部份人喪失人格之人，其國又安得不弱，雖養婢者間亦有送入書塾敎之讀書者，然此特少數之又少數耳，基於上述之各種原因，則婢制之不可復存，亦已彰彰明甚矣，(鼓掌)即爲自己子孫計，亦不宜使婢制之復存，蓋人不能保其永代殷富，今日之子孫，雖不爲他人之婢女，難保他日之子孫不爲他人之婢女也，我既不願己之子孫作他人之婢女，則不當復以他人之子孫作自己婢女也，(大鼓掌)若以經濟問題爲言，謂中國人生計困難，貧家之女有因不能自養，至投之深淵者，若禁之鬻女，是不啻迫之以死，此說自表面觀之亦似有理，雖然，世間之買賣婢女者，其立意果眞欲救此無衣無食之弱女哉，彼實爲自己便宜計耳，蓋彼買婢者，以爲僱人作工，猶尚有違抗使令之事者，婢女則無之也，試問今之買婢者，果眞爲貧民打算乎，抑爲自己打算乎，即讓一步言之，謂買婢爲救濟貧民，係屬於慈善事業，不知買婢實乖人道，吾人斷不能將此有乖人道之事，以作慈善事業也，抑今日之賣女者，豈盡因貧窮所致，其因賭敗而賣者，亦往往有之也，(鼓掌)故我華人爲本身利害計，爲國家體面計，皆當將此婢制革除，我願諸君從大者遠者著想，無從小者近者着想，鄙人今敢請主席將意見呈明政府，立將婢制革除，則造福人羣不鮮也，(鼓掌)繼由湯壽山先生起言，主張設立一會，研究維持之法，其有虐待婢女者，則將其婢撥入敎養院，景源印務工社主席勞榮光起言，則議英國旣有動議禁止本港養婢，吾人極爲贊成，請劉何二紳轉達政府禁絕買賣人口之事，黃錦英起言，大意亦主張革除婢制，發揮自由博愛之說，謂曾目擊虐待婢女之慘，必須革除婢蓄，乃可維持人道，及減少拐帶之案，且女子爲國民之母，革除婢制，即使國民得以維持其人格云云，顏君裕起言曰，養婢問題，楊少泉所說已先我所欲言，鄙人今尚再有所言者，以爲養婢實乖人道，且婢女旣受主人之責罰，而主人因犯虐婢例之故，又須受政府之責罰，又何苦留存此不良之習慣、使人民時時皆陷於刑罰乎，故鄙意亦以爲婢制應當革除云云，馮偃修起言，其意主張亦革除婢制，又何麗臣起言，今日所提出討論之五問題，係消極問題，吾人當從積極方面着想，另謀根本解決云

香港蓄婢問題

云，黃君廣田曰，在座諸君各發揮偉論，皆以爲養婢在當禁之列，鄙人之意，則與大衆有異，蓋以爲凡事預則立，不預則廢，無論講到問題如何利害，皆當胸有成竹，不能一味以口講便算了事者，今日所討論養婢問題，利害相衡，尤當思及處置辦法，我黃廣田家中並無一婢，此敢向天矢誓者，廣田生平不畏強權，不趨炎附勢，凡心中有主張，口中發議論，無論何政府何等紳士，皆不能箝制廣田之口，諸君在社會久，當知廣田之爲人，故今日發言，亦全由公理上着想，所謂虐待婢女者，其中必有之、然有等父母亦有將子女難爲、今日諸君煌煌偉論，主張禁絕賣婢女，計誠得矣，其如內地之婢女何，（鼓掌）其如現在本港數萬口之婢女何，（大鼓掌）內地貧民既有夫婦，吾人不能設法阻止令其不行夫婦禮，（哄堂）若不能阻止，則生生不已，貧民無錢養育，又將如何，試問香港現時有養正院收留婢女乎，吾人以爲請政府頒行禁例易，將來處置婢女難，此數萬婢女究竟將來置諸何地，試問教會中人肯担任贍養此數萬婢女否，（衆大鼓掌）黃君說到興高彩烈之時，座中有耶救中人竟操英語駁之，座上多謂今日此會爲華人大叙會，不當操英語，且辯駁須俟其人言畢，第二人方得起駁，不能擾亂秩序，於是彼此幾如角口，是日太平戲院雖不演日戲，而[illegible]中已演出一[illegible]妙佳[illegible]矣，劉主席亟搖鈴制止，

起而言曰，諸君要明白今日之問題，係英京下議院有人提議質問者，吾人應將實情答覆，今日座中多有將問題中之題目誤會，致不能成議也，座中有講到買婢關係全國之興衰，題目未免做得太大，諸君肯爲中國前途謀幸福，辦事又能見其遠者大者，鄙人實大喜過望，但據諸君今日所說，不特婢制要革除，即妾侍制亦要革除方可，試問在座中與教會中人有妾侍者否，此重要之問題能担負否，請即答我一聲，若諸君能具如許魄力，能爲全國改良婚姻，整頓經濟，收養貧女，則我劉鑄伯所謂紳衿，必當追隨諸君子之後云云，座上均啞口無言，伍主席乃以今日討論之問題五條逐一付衆表決，（一）養婢者，是否係養育以爲妓女，主席曰，此一條座中如果以我華人爲有此事者請舉手，商業維持會司理劉子平大呼曰，有認此一條問題者爲龜公，誰人肯認龜公即舉手，座中竟有舉手者三人，座中人皆笑其爲龜公，又問（二）爲婢者是否爲奴，此問題並無人答覆，亦無人舉手，遂作爲無之，（三）爲婢者是否供男主人取樂之後，到厭棄時即將之轉賣別人，座中皆否認，（四）養婢之習慣中國曾例禁否，當時有何麗臣王愛棠牧師及教會中人共四名舉手，少數無效，（五）爲婢者其主人是否可任意將其轉爲，此問題亦無人舉手，此五問題遂作爲並無其事，應照此答覆英廷，劉主席又曰，今日已[illegible]決此五條問[illegible]，可

見皆無人肯承認，惟諸君子有欲請政府頒行禁例，禁止買賣婢女，鄙人素好做帶頭人，但恐君等口是心非，口講得而造不來耳，吾人在公衆社會辦事，總要問良心，諸君皆係慈善大家，今日對於婢女要如何維持，請由各位定一日期，再開一大叙會，那時諸君可以整頓全國，改良敎育，開放女子，唯諸慈善界之命是聽也，劉君言畢，各人默無一言，劉主席又曰，自有定例局以來，華人議員因政府立例而在公衆之地開大叙會者，此實爲創舉也，蓋在三十年前，中國人對於公衆事業尚少注意，今則與前不同，蓋今日程度已大增進，良堪賀喜矣，但自此次以後，如英國行何種則例，我兩華人議員不去力爭，諸君尚敢罵我溺職否，王愛棠牧師曰，只請主席依從公意，便是盡職，後卒由黃廣田倡議，設立一維持會，以輔助保良局之進行，湯壽山和議，全體贊成通過，議至六點二十分鐘方散會，

擬設防範虐婢會之招人入會告白

公啟者，日前在太平戲院會議，經衆表决設立此會，以防範或有主人將婢女虐待者，現議入會者每年繳納常費二元；如有志願入會，希將初年常費逕交華商總會司理葉蘭泉先生代收，發回收條，並登註名冊，俟此告白登兩星期後，看入會人數究有若干，再行召集會議，組織辦法，並選舉値理進行，倘入會人數太少，致該會不能成立，則將已繳之常費派還，此佈，

香港定例局華議員劉鑄伯何澤生同啟

一千九百二十一年八月四日

香港蓄婢問題

防範虐待婢女會之消息

士蔑西報云，日前華人在太平戲院舉行大會議，討論婢女問題時，嘗經正式倡請組織防範虐待婢女會，惟目下華人對於此舉不甚踴躍，劉君鑄伯前曾向公衆表明應允担任辦理此事，前日劉君曾對該報訪員稱說，雖訂會以兩禮拜之期限，惟並未接到來函，自請爲該會會員者，當會議時，各人如此注意，並如此熱心討論，今竟漫不關心，殊屬可異，其故或因未有該會之辦法與宗旨宣佈，或華人持不干涉之政策，因此項慈善事業，已由保良局辦理，且據某著名華商之意見而論，謂即使該會成立，亦祇爲保良局之附屬品而已，故深恐該會難以成立云云，

防範虐待蓄婢會初次叙會

防範虐待蓄婢會同人於禮拜六下午兩點半鐘，假座東華醫院大堂開初次叙會商議進行事宜，幷選舉値理主席，及舉分任値理、訂立章程各事，是日與會者二百餘人，

八七

香港蓄婢問題

未開會之先，劉鑄伯舉東華醫院當年首總理李亦梅爲臨時主席，亦梅君遜謝曰，弟知識有限，辦事遠不及劉君，此臨時主席非劉君不可，於是還推讓劉鑄伯爲臨時主席，李葆葵和議，劉乃就主席位，對衆言曰，在座列位諸君，今日叙會，各位已知，不必贅述，前者在太平戲院叙會時，大多數以爲應籌設之會，勸人勿虐婢女，所以本會之設，係由於當日在太平戲院多數通過者也，鄙人與同事何擇生代表多數人意見，自登報以來，報名入會者已有四百餘人，已繳納會費者三百餘人左右，今日在座者皆爲本會同人也，照鄙人愚見，以爲二元之會費，一次過收足，則不可再收年費，手續較易辦理，因將來會務發展，同人自必增多，收費極難，如孔聖會數千同人，每年收取年費亦太不易也，若收一次過二元，則作爲永遠，同人若有事開銷，則向同人簽捐，聽其隨緣樂助，敢信熱心同人極多，則使用不愁無着者，愚見如此，未悉諸君之意若何？至此會現時已有幾百人，已足數成立，今日最要者爲選舉值理，方能辦事，照鄙見值理須分爲總值理一班，各環分任值理及一班，如此辦事方能週到，弟回憶辦理公立醫局時亦然，由總值理之中選出司庫司理兩位，但兩定例局員不可舉他爲正副主席，因他兩位爲各界代表，係代表本港各方面者，照鄙見舉兩華人代表爲名譽會長，至常川辦事者，則仍由值理舉出正副會長，此後每屆之定例局員則爲名譽會長斯可矣，至於總值理約由廿五位至三十位，各環之分任值理，則以每環之大小而定多寡，至今日議事手續最要者，莫如司理，須先舉出一司理，辦事方有端倪，弟倡議以司理一職，黃君廣田爲最合格，李葆葵和議，衆贊成通過，劉主席又舉李榮光爲司庫，周少岐和議通過，主席乃請在座中各位舉出總值理，惟各人皆遲疑觀望，良久仍未選出，劉君乃起曰，各位以爲急切未能舉出，弟試將合於辦事者芳名述出，以待諸君採擇如何，乃讀出如下，曹善允，周少岐，周壽臣，何棣生，李右泉，郭少流，馮平山，李葆葵，李亦梅，馮香泉，謝家寶，伍漢墀，何世光，周俊年，唐溢川，黃屏蓀，郭桃溪・羅旭和，羅文錦，葉蘭泉，馬永爍，何華堂，羅世基，湯壽山共廿四位，司庫李榮光，司理黃廣田，共廿六位，爲總值理，後有倡議加入保良局當年總理東華醫院總理爲此會之總值理，周壽臣和議通過，何君世光又倡議加入團防局各紳及岑君伯銘爲總值理，邢蘭亭和議通過，湯壽山又倡議加入方言工會，錢福禧爲總值理，李榮光和議通過，謝君家寶又議加入何世榮何世亮二位，黃炳耀和議通過，劉主席曰，今日事急，或者向來勇於辦事者忘記其名，弟倡議總值理及分任值理有權推廣其額數，何君澤生和議通過，至是劉君鑄伯請在座各值理舉正副主席，劉君舉周少岐爲正主席，郭少流和議通過；周君辭曰，弟年老事繁，無暇可辦，請各位另舉賢能，弟明知辦不來，若勉强辦去、又於事無裨、故不如其已也，諸君諒之，弟擬舉曹君善允以代、劉君鑄伯曰、今日曹君未在場，未知其又肯接受否，於是司理黃君廣田起而出，由電話向曹君徵求同意，惟是日爲禮拜六，電話不能傳達，後由何世光舉李榮光爲正主席，座中有謂李己被選爲司庫，焉能又爲主席，何世光曰，李君爲保良局主席，婢女之事向爲保良局料理，則以李君爲此會之主席，莫善於此，至司庫一缺，可另覓其人云云，在座皆以何君之言爲然，劉主席曰，如此則以每屆保良局首總理爲正主席爲合，周俊年大律師和議通過，至司庫一缺，周俊年舉謝家寶充任，李榮光和議通過，李葆葵倡議，以每屆之定例局華人議員爲名譽會長，周壽臣和議通過，謝家寶舉郭少流爲副主席，劉鑄伯曰，鄙見以爲副主席一缺，以每年保良局之前一任首總理任之便合，因保良局現任總理爲正主席前任首總理則爲副之，辦事既易，名實皆當，黃廣田和議通過，至是劉又倡議以羅旭和羅文錦湯壽山葉蘭泉李亦梅黃屏蓀馮香泉七位爲訂立本會章程，分任値理，何棣生和議通過，主席又曰，各環之分任値理如何，葉君蘭泉曰，鄙見以爲各環之分任値理，待選日總値理敘會時，各人名齊集方可選定，今日事急，時候無多，實不能急速進行矣，衆亦以爲然，至是劉君宣言，謂居民若對於保護婢女，見有虐婢者，須往投報分任値理，但若尋分任値理有難覓其住址者，事頗繁瑣，不若效公立分局辦法，居民有事關於婢女要投報者，可到東華醫院華商總會保良局華工總會與及各環之公立醫局分局投報則可，衆贊成通過，劉主席曰，今日所議之件己完，甚望各位辦理此事成功，進行不懈，因此乃我華人自巳之事，凡係華人皆要辦到妥善者也云云，時己三點半鐘，遂散會，

防範虐待蓄婢會敘會

防範虐待婢女會昨日下午兩點半鐘，假座華商總會開會員大敘會，討論分任値理所訂定之章程，幷付表決事宜，至二點三角鐘開會，前次在東華醫院敘會時，公會舉李榮光爲主席，是日開會時，李君謙遜不己，轉舉劉君鑄伯，爲臨時主席，先由司理黃君廣田起而宣讀在報紙所登之請敘會告白畢，劉君鑄伯起言曰，今日本當由李君榮光爲主席者，奈他太過謙遜，據云須各章程妥定後，方肯爲臨時主席也，本會之宗旨，前己講解，今不贅述，惟分任値理，目下己將章程訂定寄回，今日特請同人表決，此章程未表决之先，請逐條參訂云云，至是由司理黃君廣田將章程逐欵讀出畢，劉君鑄伯倡議將章程

第二款宗旨，本會以人類互相善愛爲前提句，則去人類二字，以免語贅，周君壽臣亦提議，將第十三款，（埋一總結）四字删去，免重叠而歸簡略，除此而外，一律通過，主席劉鑄伯君曰，各章程之意義，將交由分任値理譯爲英文，又請黃君廣田將上中下環及各處之値理芳名述出，當堂通過畢，主席謂尚有四環公立醫院之値理，未曾加入，請司理行信前途，請其加入，主席又曰，前數日九龍有一婢女訴告，有爲難之處，後托曾富君調查，極有效果，所以分任値理，各處皆當推舉多人，較爲利便也，羅君世基起立，倡議將譯就英文之章程，寄一份往華民政務司，衆僉云合，湯壽山起言，各分任値理，須要極力帮忙此會，介紹多些人入會，本會即多些耳目，辦事進行之消息，亦較靈通，異日本會之結果，亦歸于妥善，各宜有衆志成城之心，不可放棄責任，是弟之所厚望也云云，葉蘭泉君起言，最好由分任値理組織徵求隊，更易着手，彼此討論良久，主席宣佈散會，

反對蓄婢會之組織

八號晚有教育會中人楊少泉張祝齡王愛棠顏君裕等約三十餘人，假座華商會所二樓楊少泉牙科醫館，籌議組織禁止蓄婢會，公推黃茂林爲正主席，楊少泉爲副主席，其餘職員亦約畧舉定，然要臨時籌辦成立之後，再開大會，公舉訪員往見黃茂林君，詢其組會用意及宗旨，黃君云，今尚未定章程，不過各人見得現世界潮流係不應有蓄婢之陋習，前次在太平戲院大會時，曾有人提倡禁止蓄婢、但主席劉鑄伯又不付衆表決、所以有此會之組織，其宗旨不外以禁絕蓄婢爲目的，（問）此會之設與劉何二君所發起之維持虐待婢女會，是否立於對敵地位，（答）誠然，劉何二君所謂維持虐待婢女者，顯然尚有婢女之制度在，惟鄙人等所組織之會，是在於完全禁絕婢女制度，誠不可同日語也，吾人以爲維持保護，仍恐中有流弊，總之有流弊者，即要革除，因舊日思想與今時思想不同也，（問）婢女來源不可不知，凡辦事要由根本上着想，誠如足下所云，現在之數千婢女如何安置，（答）此一層吾人亦已想及，以爲要設法安置之婢女，只居少數耳，若以內地貧不能賣女，則無以養活全家，此誠迂儒之論，鄙見以爲禁絕婢制，則拐帶與槽豬花賣良爲娼之案，當可日見其減少也，至謂處置問題，吾人所議禁絕婢制者，非云將婢女盡趕出街也，不過不容再有婢制存在者，如現在之婢女，其在十六七歲之間，必非坐食者，必能操作者，則計回一年之傭値，恢復個人之自由，只年紀幼小者，要設法安置耳，然此亦居於少數之列耳，如其中有婢女年紀幼小，又無親人料理，主人又不願再爲蓄養，則將來要籌辦安置，或請呈政府帮助

進行，此皆後來辦有成效，方能逐步進前者也，弟現在承衆人舉爲臨時主席，自己才疎，惟以此爲公益，亦勉爲其難，甚願日後有多數慈善大家出而匡助，那時弟則可卸仔肩，讓與有才者担當矣，(問)此會是否完全由耶敎人籌設，曰，否否，並非全由敎會中人，尚有多數外界之慈善家也，

反對蓄婢會二次敘會紀實

反對蓄婢會各同志於十五號晚八點半鐘再次假座大道中華商會所內楊少泉牙科館開第二次敘會，討論該會之章程宗旨及一切進行辦法，與會者連正副主席共廿二人，至八點三角鐘方開會，臨時主席黃君茂林起言曰，列位同志，今晚我輩開此敘會，大衆皆知前次會議之後，已派出幾位分任値理，參訂本會之章程大綱，今晚未辦理此事之先，弟當代表各同人歡迎今晚初到之兩位先生，一爲李瑞琴先生，一爲周煥賢先生，(衆鼓掌)至此會之設，吾人見得蓄婢爲我華人之陋習，凡旣知爲陋習，即當革除，吾人設立此會，非有一點私意於其間，不過聊盡吾人之天職，力查積習之不良者而革除之，務達到此目的爲止，無論中西各界，屬何宗敎，凡有與本會同志者即甚歡迎其爲會員，吾人做此研究之工夫，並非沽名釣譽，不過見事不平，故毅然而爲之耳，李瑞琴先生爲

吾人之同志，今晚惠然肯來，該座中各位亦爲之歡喜者，李君爲港中有名譽之人，鄙人知得近日男女幼童，其中有日中操作異常艱苦者，本港政府曾設立一會，照譯西文意義爲(保護男女幼童會)瑞琴君被委爲該會會員之一份子，可知李君平日對於保護幼童女非常留意，今晚到來，弟代表各位請李君爲本會之値理，(衆鼓掌)至是晚敘會所需辦理者爲參訂章程，未討論之先，請書記先生將前次議案宣讀；顏君裕君起對曰，該議案文件，今晚未有携來，可否下次補讀，主席曰，如此則俟下次補讀便是，如日後各位同志見有熱心家與本會同志者，不妨聘請他爲本會値理，或辦事員，今請司理顏先生將今晚應討論之章程對衆宣讀，看有無修改，俟通過後，再行印刷分送各同志云云，至是顏君將章程由第一至十四欵逐一宣讀，互相討論，修改妥善，當衆取決如下，(一)名稱，定爲反對蓄婢會，西名譯爲Anti Miutsiu Society 主席黃君謂此會之所以有西名者，表示中西人皆可入會之意義，(二)宗旨，反對蓄婢惡習，助人覺悟，並籌設善法，務達到革除婢制爲宗旨，(三)會址，暫假大道中六十六號二樓楊少泉牙科醫館爲通訊處，西文通訊處，(甲)太子街撻記洋行晏德臣先生，(乙)屈臣氏辦房黃茂林先生，中文通訊處，(甲)楊少泉先生，(乙)顏君裕先生，(丙)般含道禮賢會王愛棠牧師，(四)會員，凡贊

成本會宗旨，無論中西男女屬何宗敎居何地方皆得爲本會會員，主席曰，此問題一出，可以杜絕人之誹謗，謂本會完全爲耶敎所組織者矣，（五）會費，凡爲本會會員者每年約費五毫，多捐者尤爲感謝，每年由八月一號起至明年七月底止，（六）職員，舉正會長一名，副會長二名，漢文司理一名，西文司理一名，司庫司數各一名，漢文及西文文牘各四名，演說部長一名，部員十名，調查部長一名，部員十名，如各部員有不足用者，可由幹事値理表決隨時加增，（七）幹事値理，凡正副會長及司數司庫中西文司理各部部長合爲幹事値理，（八）年會，每年一次宣佈會務，並選舉職員，時期不能逾過十月，（九）特會，如有要事，會長以爲須開會員臨時大會時，須得幹事値理多數同意，如有會員邀請主席開會臨時會議者，則須得全體會員五份之一簽名認可，乃得召集，（十）通告，凡開會員大會，皆須預一星期通告，（十一）任期，職員以一年爲限，期滿當選仍可連任，（十二）成會，幹事値理敘集時，倘出席人數過半即成會數，如年會或特別大會人數能滿四十名亦成會數，（十三）修訂，此章程如須修訂，則須登報召集會員特別大會，經出席人數三份之二乃得表決，（十四）一條爲辦法，但當晚因時候無多，未有表決，惟以上十三條均經座中表決通過者也，當晚議論極多，由八點三角鐘討論至十二點四十五分鐘始散會，

反對蓄婢會主席之言

星期二晚關心於擬設之反對蓄婢會人員大開會議，商訂組織該會之章程，士蔑西報訪員昨見該會之臨時主席黃茂林君，談論該會之進行方針，黃君謂該會之進行，大致限於分派單張文件及四處演說，表論此事，目下已有飽受西學之華人，担任各書件，將分爲中英文兩種，其內容將蓄婢之不良解釋一切，刋印分派，由此則可期港中居民明白，而棄去此不良之制度也，黃君續謂倘能令婢女對於繼續在其主人家中作工與否，有自由取決權，如使役無異，則此制度將或可廢除，至於年幼未能作工之女童，於廢除此制度之時，則宜組織一會收養之，直至其能自治乃止，如此等會之組織，乃爲慈善起見、故屆時必須力富家之助也，

反對蓄婢會宣言書

香港婢女問題之由來　一千九百十七年。些喇巴士打狀師辦理虐婢訟務。本港各報喧傳。多人注目。後續有陸軍司令尊獲。及海軍少佐希士勞活之夫人。首先提出質問。孖喇西報主筆吉禮君等。亦常繼續討論。先後數年之久。以故英人多留必此事。且有質問英屬土何以仍有

蓄婢之習者。英下議院議員亦有如是質問政府。並請英庭令行港政府立例禁止。以故本港定例局華議員於七月三十號二點三十分在太平戲院有蓄婢問題之大敘議。推英議員之意。亦只爲本國之光榮及女子之痛苦。五故提議此舉。惜當時反對蓄婢者之議論。主席不付表决。而蓄婢陋習。深恐因是保留。同人等愁然憂之。爰組是會。一以救婢女之苦。一以答西友之心。不揣冒味。謹刋發宜言書。惟我邦人君子留意焉。

(一)蓄婢之流弊　(甲)有藉蓄婢爲名而蓄妓爲實者。近日本港公正報竟所發表之言論。皆明白揭示。透發無遺。可見其事彰彰在人耳目。無可隱諱而不容贅述者也。(乙)待遇婢女實與奴相類。奴者無他。出財買受。剝奪其自由而已。婢亦出財買受。而剝奪其自由者也。是故奴由購買。婢亦由於購買。奴可全權役使。婢亦可全權役使。奴作工不給資。婢任工亦不給資。奴可轉賣。婢亦可轉賣。奴婢之地位。實無大異。所分別者。則屬男累世無盡。婢屬女。適人而止。而剝奪其人權則一也。(丙)實有任意苛待者。試觀本港虐待婢女之案。已登報章者。已數見不鮮。其未發見者。當不可以數計。他如任意取樂。獻而轉賣者亦常有所聞。不過事屬曖昧。無庸取証耳。凡此皆同人等承認蓄婢之諸弊也。

(二)革除之主因　(甲)有傷人道。凡被爲蓄婢者。多屬少女。以此弱小之身。使供煩雜之役。慘苦自可想見。況遇主人之無良者。衣食則必求其薄。任事則務責其周。驅遣無時。疾苦不顧。幸而得告長成矣。訂婚擇婿。悉操權于人。或配以老夫。或嫁爲姬妾。不計生人之苦樂。只求身價之維豐。待價而沽。視同商品。此其有傷人道者也。(乙)敗德喪行。大凡蓄婢之家。多陷驕淫之習。蓄婢者則以主人自命。被蓄者則以奴隷自居。階級之別既嚴。親愛之情必乖。責罵多則流於殘忍。呼喝慣則習於任情。此其有壞家庭之進德者也。加以導淫之輩利爲錢樹之搖。好色之流。收作偏房之寵。邪淫放蕩。敗俗傷風。其有壞人羣進德何如哉。(丙)大損國體。一千八百八十五年。歐美各國于柏林會議。公定凡將奴婢買賣者。須依公法定義禁止之。以故文明諸國。咸爲禁條。英國法學博士域呑(Wheaton)之言曰。買賣奴婢。乃萬國公定爲可惡之罪。今我國之人。僑居外埠者。竟敢私相買賣。干犯公法實義而不恤。雖謂事關俗尚。似可自寬。豈知違逆典章。實滋恥辱。自儕化外。靦然不知。此其有損國體者也。至如長鬻女之風。增拐帶之案。則有傷風化。擾亂治安。尤當禁革。有此數因。故同人等承認蓄婢爲必須革除者也。

(三)救濟之術(從言)言　今之主張保留婢制者輙曰。人民生計日窘。故携女求售者日多。所以蓄婢之家。在買者固可得廉工。在賣者亦可資救濟。於貧戶不無少補。言之亦頗成理。抑知非也。蓋救濟者。必於已能竭其犧牲。於人能保其人格者也。今乃出已之財。而換人之女。犧牲何在。以己之女。而易人之財。人格何在。有人於此。貧窮實甚。攜妻求售。言救濟者。將買其妻乎。抑出財而舍其妻去乎。買妻者。乃失人格。仁者不忍承買之。賣女者亦失人格。仁者亦安忍承買之乎。論者又謂蓄婢之事。可減溺女之風。此言殊屬牽強。昔溺女盛時。人皆不買女爲婢乎。抑今時人少溺女。皆因養之以備將來之鬻賣乎。女之溺者。多在生後一二日。婢之買者。多在長成五六歲。與事實並無關係。烏得牽合言之。總之蓄婢之習。實求自己私利。據某報日昇街者所言。婢女於入歲買入時。可値百金。至十八歲嫁出時。可値三百金。準此而言。倘以工値而抵其衣著粧奩。即所得者足二百金。獲利亦云厚矣。尙何救濟之可言。此同人等承認蓄婢爲救濟之詞。實屬不言者也。

(四)防範之無補　査婢女被虐之本因。實由於契約之束縛。如曰任由銀主安置。如曰山高水低。各安天命。種種言語。皆明婢子之措　置死生。盡屬於主人之手。是故婢女則自知而不敢抵抗。旁人則徇情而不便干涉。而主人則除法律所及者外。皆可任意而爲。此婢女所以被虐之根本原因也。是故欲拯救婢女。不受虐遇。亦惟有取銷契約之一法。使買婢之事。從此制絕其根本。而已買之婢。亦可由是而得釋。是即諺所謂一刀兩斷者也。今乃不此之圖。惟曰設法防範之。不求去其根。而偏遺其毒。吾未知其可也。且國家已立法懲罰之矣。又設警干涉之矣。而虐待之事。仍復如故。今乃欲補救之以旁人之監督。善團之稽察。吾未知較於法官警士果能有效否也。況防範虐待。亦惟身受者自爲防範耳。乃不助人以脫離。而惟曰代之防範。論者以貓兒集會護鼠譬之。誠妙喩哉。故曰欲除虐婢。宜取銷契約。否則如止沸而不抽其薪。惡醉而仍强以酒。徒多事耳。此同人等所以承認防範虐婢之無補也。

(五)禁婢之辦法　論者又謂婢制之須禁革是誠然矣。然其如無辦法何。一則被釋者何以處理之。二則留僱者何以監察之。是皆主張保留者所爭論之要點也。抑知吾人所論釋放者。非盡取而解除之之謂也。蓋婢女之釋。首在將契約取銷。使不能有轉賣之效。後此仍可照常服務。至年期已滿。然後脫除。固不必盡以放同爲事者也。至於如何監察。則須由國家。另立監護人。隨時考核。而又立教養院以爲之收容。使進可勞力以自給。退可入院以安居。如是則出外有監護之人。入院有棲身之所。而不至於零丁無事者也。或曰如此則於蓄婢者不幾損失而滋擾之甚哉。曰何損失滋擾之有。其辦理手續。亦祇經過註册及監護人依章之稽察而已。如兩方有爭論之端。則當訂有公正辦法。不致有所偏倚。而務期兩得其平者。今假定辦法四條如下。

(甲)設法鼓吹。或用文字解明。或開叙會演說。務使社會人士瞭然於蓄婢弊害。俾知革除。

(乙)請願政府　一立例凡前經買受無論作女作婢之契約。皆取銷之。此後買婢賣婢皆禁止之。二註册可分兩種。一屬傭女。一屬育女。傭女及育女之待遇。另以細目訂之。(此細目須印明册紙之上)三婢女自取銷契約後。即須宣告家人。不得再以婢或妹仔稱之。四傭女之服務至十八歲滿期爲限。倘未及期欲脫離原主。則須依公道補回身價。五僱主如屏逐傭女或虐遇。而經官判。交教養院時。則身價不能追補。六傭女與育女皆由政府所委派之監護人監察之。

(丙)設立監護人　一監護人由政府委派任之。二監護人名額。由政府規定分區監理之。三監護人職權由政府訂定之。

(丁)設教養院　一教養院之院所。求請政府撥出之。(因此教養院無久設之必要。約以十年爲期。故求請政府撥出)。二教養院之管理法及其料理。另以條目訂之。三教養院之財政。由各方善士捐輸。並求政府補助之。四入養院者。凡育女之爲人虐遇及無所依歸之傭女。本院皆當接納之。

總之蓄婢之習。實爲現世所屏逐。斷無存留之必要。且英倫西友。既已鼓吹於內。則吾港僑民自當贊助於外。使此積年之惡習。從此一掃而空。而局促於淫威下之弱女。亦得重覩天日。凡我邦人君子。無論有婢無婢。務請贊成斯旨。一致加名入會。革除舊染。爲全國倡。有厚望焉。

反對蓄婢會徵求同志小引

嘗聞胞與爲心。不忍一夫之不獲。買賣同類。實乖人道之行爲。雖諉名以惑愚。固公理之不許。此友對蓄婢會之所由起也。同人等良知具在。天性猶存。憫婢女之折磨。悲主人之罔覺。思爲暮鼓。願作慈航。藉筆舌以宣傳。合羣力以將事。復回人格。用挽頹風。庶正誼日益昌明。蓄婢行將廢止。然而大厦之支。非一木之任。狂瀾之障。豈尺土之功。集腋方可成裘。衆擎乃能易舉。爰修楮墨。敬佈蕪詞。敢祈巾國英雄。中西志士。痌瘝在抱。不讓當仁。錫以嘉言。佽以實力。使人類惡習。一旦廓淸。鄰國隆情。不致虛負。則婢女固自由可復。主人亦積善降祥。盍興乎來。幸勿觀望。

反對蓄婢會披露

中文通信處大道中牙科醫館楊少泉君　青年會顏君裕君
西文　　　捷記洋行安得臣君　屈臣氏辦房黃茂林君

反對蓄婢會簡章

一定名　反對蓄婢會

二宗旨　乃反對蓄婢惡習助人覺悟并籌善法務達革除蓄婢爲宗旨

三會址　暫假大道中楊少泉牙科館

四會員　凡贊成本會宗旨無論中西男女屬何宗教居何地方現時有無蓄婢者皆得爲本會會員

五權責　凡爲會員者皆得出席於大會發表意見享有本會選舉被選舉權及關於會務各種通告并維持會事發達會務

六會費　凡爲本會會員者每人每年納費五毫多捐者尤爲感謝每年由八月一號起至明年七月底止是爲一週年

七職員　舉正會長一名副會長二名漢文司理一名英文司理一名司庫一名司數一名漢文文牘部員四名漢文司理爲部長英文文牘部員四名英文司理爲部長演說部長一名部員十名調查部部長一名部員十名如各部員有不足用時可由幹事值理加增

八幹事值理　以正副會長及司庫司數各部部長合爲幹事值理如有應加入者。可由幹事值理表決加增。如遇有德望及贊同本會宗旨者幹事值理亦得表決敦請爲本會名譽會員或開員會議時期。每月至少一次

九年會　每年開會員大會一次宣布會務并選舉職員時期不能遲過十月

十特會　如有要事會長以爲須開會員臨時大會時須得幹事值理多數同意如有會員邀請主席開臨時大會則須得全體會員五分之一簽名認可乃得召集

十一通告　凡開會員大會皆須預先一星期通告

十二任期　職員任期以一年爲限期滿當選仍可連任

十三成會數　幹事值理聚集時出席人數過半即成會數如年會或特別大會能滿四十亦成會數

十四修訂　此章程如欲修訂則須登報召集會員特別大會須出席人數三分之二通過乃得表決。

反對蓄婢會大會通告

定於陽歷三月廿六號禮拜日午後三時假座青年會開成立大會選舉職員分贈徽章并敦大理院長徐季龍先生到會演講敬請會員諸君聯袂偕來無任歡迎之至

反對蓄婢會成立大會紀事

三月廿六號，星期日下午三點半鐘，香港反對蓄婢會假座青年會禮堂舉行成立大會，與會者六百餘人，座爲之滿，先由青年會洋樂隊奏銅樂，次由主席黃君茂林宣佈

開會理由，略云列位本會同人，此次反對蓄婢會成立大會，因以前在籌辦事期辦事員，不過臨時，今日請大衆同志到來開正式大會，公舉正式職員務達革除蓄婢宗旨，今日各位敘集一堂，濟濟有衆，殊令辦事人愉快，因彼所造之事，諒必與大衆同意，吾人首先所得各項成績特報告與各位知之，於是由義務中文司理顏君裕宣讀報告如下，座上同志士女諸君，本會自始至今，歷七月有餘，原定於二月時開成立大會，後因罷工風潮所影響，延遲至今，令熱心諸君一番盼望，殊屬不安，然此數月中外觀者，似乎會事沉寂，而其實不然，蓋無日不研求善法，助人覺悟，從早達革除婢制之目的，故有徵文之獎勵，博採輿論，以集思廣益，其間放文歌曲莊諧并妙，共用去欵項一百八十一元四毫，乃李瑞琴君熱心報効者，復將徵文中龍舟歌之冠軍者發刊，即俄頃分贈於諸君者，乃林護君報効，更將本會之緣起始末，搜集各方之言論著作，刋刷成帙，每册二百餘篇，以分贈會員諸君，與及各方各界者，惜手民阻滯，尚須一禮拜方能竣事，容日另行送上，凡中外消息，關於蓄婢者英文則譯登華報，并分送各會員，中文則譯登西報，函寄英京議員與各界人士及各地方，使中外視聽瞭然於婢制之害，故英京希士活夫人接到本會宣言書，即出資印刷數千分，分送各界，而英國反對蓄奴保護土番會，并將妹仔問題，己往歷史，撮舉大要，刋版贈送於議院議員，而大不列顛及阿爾蘭全國婦女聯合會工業委辦，且有信來查問現在香港妹仔如何，此皆用文字宣傳之法也，而演說所到之地，則有基督教禮拜堂，及基督教男青年會女青年會，培道聯愛會，覺興會，前梅督夫人婦女會，香港大學堂各中學堂女子中學校，各男女高小學校十餘處，工團數十，會社數處，每處到聽人數最多者，凡百餘人，又特派往香港永安火船演講者一員，月給薪金由黃錦英君報効者，此皆用言語宣傳，以發人深省之法也，數月己來，本會所查得虐婢者三宗，一在卑利街，一在荷李活道，均己通知政府，第爲事主所掩飾，卒亦無擧，一在堅尼地道，乃被迫自盡者，由此觀之，足見其防範無補，非澈底革除不可也，此調查之法也，徵求員結束後共得會友一千三百七十一人，會費六百八十五元五毫，捐欵一千一百五十元零三毫五仙，最多者馬祿臣李瑞琴馮福田三君，徵求最出力者則楊少泉馬應彪師奶麥梅生潘福元四君，此皆己往所辦之事，可以告於諸君者，而本會影響所及，約有數事，足令諸君聞而欣慰者，一則我南方政府己下明令禁止蓄婢，則實起於座上大理院長徐季龍君，而徐君則固吾會偉大之會員也，彼其斧柯在手，先從內地改革，其光輝於吾會何如耶，二則英京藩政大臣，己有文書答覆港督，言港中政府與現有兩會商量設法，革除蓄婢，定意一年內即可成事，此非英京明達之士，感受本會之鼓勵，洞悉吾人之志趣，與港地妹仔之實情，力詰政府質問至再，何能有此好消息耶，今各地開風興起，贊同斯旨者大不乏人，然皆非幹事等少數人之力，實由諸君戮力同心衆志成城以底於斯也，故幹事等深謝諸君，竭盡己，然此後事務愈繁，責任益重，非合羣策羣力黽勉同心，以促進政府，以廣籌教養，則此數千婢女，仍未能出泥塗而登袵席也，故願會員諸君更進一步以圖之，至是又由西文司由安得臣君，再將會務報告，以英文宣讀畢，旋由大理院長徐謙派來之代表胡雅覺君將徐君之演說詞用正音宣讀，由楊少泉君用廣東語解釋，（演說詞另錄）旋又頒獎徵求前列人，由主席黃茂林佈徵求會員最多者第一名馬應彪師奶，第二名麥梅生君，第三名楊少泉君，共捐出銀數最多者，（一）馬應彪師奶，（二）麥梅生，（三）潘福元，各贈以徐謙親筆寫之橫額一幅，至是乃選舉職員六十名後，發電致謝希士活夫人與共表同情者後，分贈印刷品，然後拍照散會，時已五點矣，

附大理院長徐季龍君演詞

大理院長徐謙，在反對蓄婢會成立大會演說云，蓄婢本為民[illegible]所禁，民[illegible]元年南京臨時政[illegible]會頒明令[illegible]革一切不平等之階級制度，蓄婢之風在此令中已為概括的禁止，而全國婢女自此令公布後亦已悉行釋放，無如當時命令未為全國人所周知，而外國人亦多以為民國當無特別禁止蓄婢之明文，殊不知民國約法及法律皆有明文規定，國人缺之法律知識，竟不能據法而談，此所以會社上蓄婢之事實依然存在，而外國人詑才能對於蓄婢之舉有所協力也，民國約法曰「中華民國人民一律平等，無種族階級宗教之區別，」所謂無階級之區別者，雖，為命令詞，即禁止之意，此語即為禁止蓄婢之根本，至法律則有數點，民國元年明令公布前清法律與國體不抵觸者，仍繼續有效，前清末年有一禁革買賣人口條欵，釋民國改為條例，此條例中有曰，「嗣後買賣人口無論為妻妾為子孫為奴婢概行永遠禁止，違者治罪，」又曰「今既禁買奴婢改為僱工，此後即永無奴婢名目，」又曰「嗣後契買貧民子女及從前舊有之奴婢均以僱工人論，」又曰「舊時婢女限年婚配，」據以上條文以觀，則前清時己不應再有奴婢，何況民國，再研究婢女之所由來，所抵由於買賣或典質，或避去買賣之名，仍然收受身價，統名之曰買賣人口，即屬犯罪行為，買賣人口條例即為治罪專條，其後因買賣人口即屬觸犯刑律，遂廢止買賣人口條例，而適用新刑律之略誘和誘罪及營利略誘和誘罪，無[illegible]是否父[illegible]因貧而賣子女，[illegible]買賣人口，即無區別

，國構成營利略誘和誘罪，法律之沿革如此，惟買賣人口條例廢止後，人反誤會以爲禁婢明文，殊不知禁婢訖未有改，不過買賣人口治罪法改用新法而從重耳，政府有鑒於此，是以近者重申禁令(見大理院通令)交內務部及大理院通行以資曉諭，嗣後全國人民當不致再有不知法律之患矣，以人道主義而論，開放奴婢乃人道所當然，今世無論共和國非共和國皆不復有奴隸制度之存在，獨吾國猶留此惡風，不但爲共和之累，實足貽人種之羞，此實吾國人應爲人道奮鬥者也，雖惡風之傳播既久，事實上之阻力橫生，即鄙人所聞反對之言及收到匿名反對之信亦復不一而足，匿名信無非以蓄婢爲利者所爲，固無考慮之價值，惟反對之論調則漸有可研究之處，其言曰，「蓄婢者固有，虐婢者然究屬少數，廣東有溺女之風，因貧不能養女，若不能養女，必將女溺死以免累，是有婢女一途也，當可免被溺死，而禁婢反有傷於人道，」此其一，「既欲解放既有之婢女，則必須爲謀敎養，否則一經解放，此輩向賴蓄之者爲生活，必致有窮無所之之患，倘解放後而無敎養之所，則將有凍餒之虞，」此其二，此二點確不可不加以考慮，但此二者皆不足爲反對之理由，不過可喚起提倡禁婢者之註意耳，禁止蓄婢者並非僅止消極之事，實有積極之事更爲緊要，即爲貧女謀敎養是也，禁婢辦法對於既有之婢，其已達作工年齡者，一律改爲傭工，去留可聽其自由，其年幼不能作工者，所在之家若願供其敎養，自可聽之，其不能供其敎養者，則地方自治團體及慈善團體不可不力籌貧女敎養所爲之收容，此等貧女敎養所非僅爲現有婢女之有待於敎養者而設，實爲一般貧女而設，以免將來再有買賣人口爲婢及因貧溺女之事，廣州市市政廳現對於貧女敎養所之籌設已在計畫中，其他慈善團體如基督敎聯會及敎會亦有同一之籌備，如政府及社會果能各盡其力辦成此舉，則非但可間執反對者之口，實可永遠消滅婢女之來源，此誠當務之急也，至論及上述二點，原來政治上之設施固有非一就(足旁)可幾者，惟開放奴婢之事，乃與國體有關，世界雖帝制國尚且廢除奴隸制度，豈有共和國猶可遺留奴隸制度者乎，若謂貧女無處可歸即不得不賴聽其爲婢，爲則吾國人民程度並不是當共和國民之程度，亦將曰人民程度一日不足，即不得不賴存帝制乎，况無論何人，斷無非爲婢不能生活者，故婢女之應解放至今日已不容再緩，至爲貧女籌敎養，乃另一問題，二者可同時並舉，切不可因噎廢食，美國林肯總統解放黑奴，當時黑人反怨恨之，以爲解放後反失其生活，然林肯猶毅然行之，未聞因黑奴未有生活他途，而停止其解放也，今日吾人所應覺悟者，在保障人權乃國民之天職，乃社會上人人應盡之義務，政治上之提倡，及

香港蓄婢問題

法律上之規定，固有待於政府，但政府所能為者究屬有限，政府所不能為者，必須社會為之，故社會不能專倚賴政府，即如禁止蓄婢，發布命令，政府優為之，惟實行禁婢及為貧女籌教養，則非社會協力不可，吾人更須知禁止蓄婢非僅為保護婢女之人格，並且兼為蓄婢之家謀利益，蓄婢者除少數在蓄之為娼蓄之為妾外，多數在替代傭，時因其一勢永逸且覺工省價廉，殊不知婢女若不令受教育而使之與家中子女幼孩相處，未有不引誘子女至於邪行或敗德者，是圖省少許之工資，而令婢女在家若微生蟲，傳播疫症，敗壞子女，豈不異常危險，此亦吾人所應有之知識也，香港從前因未深悉民國本禁止蓄婢，遂致未予吾人以贊助，今則電信傳來，英國國會議員已提議於香港禁婢，而港政府即當奉行，從此香港不能為逋逃之淵藪，而吾國之禁婢得國際之協力，其成効必將大著，今反對蓄婢會籌備已久，於此時開成立大會，各界男女人士，異常踴躍，此舉豈止表現吾人對於禁婢一事之熱心毅刀，盖為民國人民即非打破奴隸制度不可，是即表示吾人擁護共和之決心，凡民國內一切特殊階級，無論軍閥及資本家皆當打破，使歸於平等之原則，庶幾全國人民程度提高，則民國之基礎自然鞏固，而文化之進步豈有涯乎，鄙人今日雖因事未得躬與盛會，特委派代表赴會，祝貴會之成功，並盼貴會同人發起一貧女教養籌備機關，切實擔任組織一貧女教養所，工讀並進，即貴會之進行，必且得世界之同情，而為吾國貧女謀幸福，此則鄙人所抱之希望也，

一百

●港政府禁止蓄婢之公佈

華民政務司禁止養婢之告示

華民政務司夏為示諭事照得現奉督憲諭開奉理藩院諭在大英全國境內不准蓄奴故爾等居民須知婢女非主人所私有凡來港婢女其欲離去主家並已及自能決斷年歲必須任其往求華民政務司為之處理惟應告飭汝等婢女必待尋有

職業方可離去主家否則恐被人誘爲娼妓又特爲誡飭爲主人主婦者凡其婢女如欲往見華民政務司毋得阻止等因奉此合亟出示曉諭俾衆週知爲此特示一千九百廿二年四月十四日示

◎第六餘錄

◎港外對蓄婢問題之反響

徐院長提議禁止蓄婢

蓄奴一事，爲世界最害人道之習慣，英國厲行禁止買賣人口，及美國南北戰爭，皆爲打破此種奴隸制度而起，吾中國此風最盛，入民國後仍不少改，近年英國衆議院屢有禁止香港華人蓄婢之提議，去年旅港華人亦有禁止蓄婢會之組織，主張人道主義家咸爲極端贊成，粵省爲

護法中樞，乃習非成是，絕不加意取締，誠爲新文化之恥辱，因是大理院長徐謙有鑒於此，特呈請大總統云，查蓄養婢女，本干法律厲禁，惡風相習，往往視爲固然，若任此風之永播，實爲人道之大患，特繩之以法，又恐愚民無識，近於不教而誅，查臨時約法第五條，中華民國人民一律平等，無種族階級宗教之區別，自約法公布後，凡從前蓄婢者即奴隸之一種，實屬違反約法，本應悉予釋放，至此後之蓄婢者，率由買賣或典質而來，依刑律之解釋，即成立營利略誘或和誘等罪，乃普通人罕習法律，誤以爲無明文禁止，故蓄婢之惡風仍未少息，又司法限於不告不理，亦復無由糾問，倘任其長此終古，則民國中尚容許一種奴隸制度，實足以貽國際之羞，違反約法，莫此爲甚，自非以明令禁止蓄婢，並嚴申刑法，厲禁，不足以遏惡風，是否有當，理合呈請大總統鑒核施行云云，昨九日國務會議已將此議提出討，各部總次長均表示同意，惟因禁止方法，尚須詳加酌定，乃可以明令頒佈，故衆議先交法制委員會核議辦法，然後再行提出國務會議通過云，

法律審查會通過禁婢案

日前大理院長徐謙呈請大總統下令禁止蓄婢，以維人道，而挽頹風，旋經國務會議發交法律審查會核議，昨十五日下午法律審查會討論此案，各委員均無異議，大約

香港蓄婢問題

下星期一日即可提交國務會議通過，然後由大總統以命令公佈，査蓄婢之風，以粵省爲最盛，將來解放令下，一般呻吟桎梏之女奴，皆捨地獄而出生天，世之有虐婢者，將無所施其技矣，

嚴禁蓄婢之大總統明令

△香港之蓄婢問題又如何

蓄婢之風，前清未禁，業已成爲厲禁，凡買賣人口者，科重刑，民國成立，人民一律平等，載在約法，所有專制時代之階級制度，早經完全廢除，乃查私家蓄婢，至今未已，甚至買賣典質，視同物品，賤視虐待，不如牛馬，既乖人道，尤犯刑章，玆特明令嚴行禁止，嗣後如再有買賣典質人爲婢及蓄者，一經發覺，立即依法治罪，著內務大理院分別咨令各省行政司法長官令飭所屬一體奉行，並着內務部通行各省妥籌貧女敎養辦法，以資救濟，此令，中華民國十一年二月廿四日，

上開平縣議會請願釋婢書

開平縣議會列位議員均鑒，公啟者，玆悉貴會業經召集，公等俱屬識時英俊，諸事改良，萬象維新，實行民治，大有作模範縣之志，當 我邑人之倒懸，拯吾同胞於苦海，夫人類之苦而無告等馬牛之不若者，莫甚於奴婢，遠離骨肉，幼則供悍主之役使，慘虐橫加，凄楚甚於罪囚，長則爲妾爲妓，終身含冤，人權剝盡，去秋香港禁婢會提釋婢女，今春廣州徐院長倡破婢制，惟我開平之婢制特盛，虐婢之風亦最慘，既不若香港有善團幫助，又不若廣州有公產收容，縱使婢女絕跡於省港，頹風反加入我開邑也，僑民等身寄海外，欽羨他人之文明，回首家鄉，每念婢制而洒淚，惜徒有解救婢女之心，全無控制悍主之力，故特聯名上書，懇請貴會諸公，維持人道，提議解放，并厲行嚴禁也，

謹將釋婢具體辦法列左

一限一個月內，邑屬婢女一律解放交回家親收領，不得勒詐條件，違者治罪，

一或無家親收領者，婢主須到警區註册，繳存婢契，暫作養女看待，及笄時，仍無親人到領，則所擇之配，須稟准警區方得遣嫁，

一佈告後悍主私將其婢遣嫁，或轉賣者，科以私賣人口之罪，并將該婢之身價充公，私留作侍妾者，與強姦同罪，

一夫婦俱過四十歲無女子者，方得收養育女，聯名人，

檳山丨平　僑　曰富　合等　人，

英國女權會函詢蓄婢陋俗

……致大總統夫人書……

昨孫大總統夫人得英國世界女子平權同盟會總幹事杜蘭順女士來書，論禁蓄婢事，玆譯錄如次，

廣州大總統孫逸仙夫人賜鑒，余等渴欲知中國現在所有妹仔，（披粤語稱婢為妹仔在英國此語已極通行，原文如是故照譯之）之真地位，今提出數問題請為答解，（一）各處此種風俗是否與香港相同，（二）現時外國人關于妹仔之紀載是否言過其實，或更有所未知者，（三）現時保護妹仔之社團有幾，（四）現時關于禁革此種風俗之社團有幾，（五）中國進步的女士之有意改革此俗者，能舉其名以告否，以上數問，希為詳細見示，幸甚，附寄本會國際通信片二紙，英國世界女子平權同盟會總幹事杜蘭順，住址總辦事處倫敦亞伯街十一號，世界女權報住址同，三月廿號　大光

○討論蓄婢問題中之虐婢案

（一）黃泥浦成和道二號二樓婦人朱慧文被控於一九二月九號將一年方十五歲之婢子名連新虐待及將其鞭撻一案昨十六日上午兩點一角鐘庭裁判司開正式提審有朗展努稻律師為被告申辯二號警局巴力文帮辦為主控先傳少婢連新上堂供稱本年十五歲在女主婦處為婢己有九個月主婦待我頗好從未有枵腹及食不足也者吾當日之所以逃走實為主婦將我鞭撻主婦之所以將我鞭撻者為我偷竊金鐲珠耳環一對當日上午十點將我毆打吾於下午五點即離他家吾到客家村吾因他打我故此逃走吾被打後數點鐘即行逃走朗律師問曰女主人常多給食物於汝乎曰否無多耳又問然則汝主人幷無令汝捱饑抵餓食到飽為止乎曰然此次打汝因汝偷一毫子及金耳環是否曰是也又問有一日汝在房中私開其錢箱然否曰否又問日中常因汝偷野方打汝耳然否曰是也曰然則除此而外並無令汝捱飢抵餓乎曰誠然至是官准被告上証人台自行申辯據朱慧文供稱乃有夫之婦此小婢賣與我為婢己有九個月然常偷竊銀錢及食物耳但我時常給足他食物我家中有傭婦四名婢子一名皆足食者吾此次打他因他偷竊但他時常偷竊均能自認獨此次不認然屈指而計之九個月吾用手掌或用小籐鞭之約二十次左右耳此次用籐鞭之因他偷我珍珠耳環一對乃係我之嬸母贈送我者故吾較前次為惱怒也庭司曰或者此次非他所偷汝誤疑他身上耳答曰故此我打他欲嚇其招認也官曰汝頃間非云該婢每次偷竊均能自認此次不認或者伊確未有偷以致身受苦楚耳答曰他時常偷竊均匿藏一隅追打之方供出者官曰然則從前每次失物皆能尋回者乎曰然獨此次不能尋回耳官取錄各口供畢朗展努稻律師對官言此案為一小案耳就以婢子之口供而論亦云如非為他偷竊則永無

香港蓄婢問題

笞之且飽食暖衣否則必無如是之肥胖大人一看該婢之肥胖可知其修養得好决非受主婦虐待者也(哄堂)廠司亦謂本司極不欲參預華人蓄婢之事華人養婢女本應由華人敎養但本司代表英政府若見婢子有時爲主人虐待太甚不能置之不理者朗律師曰我事主已不願再將該婢收回矣官判令被告自具甘結保單一百元一年內不得再有虐婢否則照數懲罰

(二)有某氏婦，被帮辦拔打臣拘控於案，謂其於五月二號晚，無故用鷄毛掃將一年約十四歲之少婢名何巧裝鞭撻，致令其遍體傷痕，昨日上午，解由符理沙君提審，被告不認有罪，延冼文彬律師爲之申辯，該婦穿華麗之衣服，狀類富家侍妾，是日到堂旁聽者頗多，先由帮辦將案情表述畢，官乃先傳少婢何巧裝上堂供稱，現年十四歲，在某處居住，自幼已爲父母鬻往主人多年，吾乃四太之女高淑賢之婢，被告四太，是由省城來探三太者，官問當晚當笞汝若干下，答曰，打了許久，由八點打至九點，官問幷無停止乎，答曰，間或停片時耳，後三太上來將鷄毛掃搶回交回傭婦放在一便，三太者即高淑賢之家姑也，官問三太上來有何詞，曰，他只叫不可打我，即搶回籐條，如是而已，而我仍須跪下認錯，良久方准我起，入房洗面畢，乃下樓，及再上樓時，已十點，四太又問我何故下樓，正打完又不怕耶，可再打吓你添正得等語，然只叫口講耳，後叫我斟茶裝烟打扇等事而已，官問然則汝何能上來，是由於人敎汝爲之者乎，曰無人敎我，是我自己上局投訴，謂被主婦撻打而已，官問鷄毛掃何能上來，曰乃帮辦拈上來者，官力命少婢將兩便手臂之衫袖抽起察驗，果有傷痕密排，官閱畢，判暫押今天上午十點，准具保單五百元，出外候訊，其鷄毛掃則暫存警署云，

被告之律師冼文彬君，求官押候四十八點鐘之久，官准如所請，故再判押候今天下午兩點一角鐘再訊，聞被告已具保五百元出外矣，是日下午婦女預先到堂旁聽者極多，反對蓄婢會之西文司理及幹事安德臣君，亦到法庭觀審云，

至十日下午符理沙署裁判再審，到堂觀審人山人海，尤以婦女爲多，惟是日被告某氏婦匿不到堂，祇有冼文彬律師代表到堂對官言曰，本律師極爲抱歉，因敝事主已匿不敢到公堂，然彼曾授意於本律師，願將此婢交回其母收領團聚，另願由被告交出銀三百元，爲該婢入學堂讀書之用，望憲台諒察云云，拔打臣帮辦起言曰，被告既匿不到堂，請憲台將保單撥例充公，仍當出拘票冼俾隨時將之拘案究辦，冼律師曰，請憲台勿發出拘票之命令，否則敝事主難籌三百元之巨欵送婢子入校讀書矣，況敝事主當日笞婢數下，原爲醉後火性驟發，出於無心

一〇四

，今旣願將婢交回其母，又願再出三百元爲伊讀書之用，政府似亦不宜持之過甚云云，官聞言，旋判將五百元保單充公，至少婢何巧莊一口，交由華民政務司署發落，幷未發出票拘拿某氏婦之命令，然某氏婦當日不過笞婢數下，竟獻醜於法庭，且破費至千金，一般虐婢者可以鑒矣，深願一般婦人猛醒猛醒，

(三)本港政府前已出示本港不准人買賣婢女將婢女制完全剷除以重人道主義聞者快之而反對蓄婢會及防範虐待婢女會兩會之重要人物於禮拜一曾將處置目下婢女之辦法條陳當道覆予採納則保護婢女之約法將次第施行不謂連日復有以笞撻婢女而被控案者自前者堅道某殷戶之妾被控毆婢而匿不到堂損失在千元以上以爲撻婢之風由是而減矣豈知昨又有被控撻婢女案兩宗(一)閣麟街卅八號四樓少婦霍平又名霍大姑乃孀婦也被華探吳照控案謂其於本月二號將一年方十七歲之婢女名區亞馨者毆打不已繼之以咬竟將其兩臂咬傷背脊與臀部則爲柴枝撻傷禮拜六上午由傳司提審有滑士打律師爲被告申辯不認有罪官判押候禮拜二(六號)上午十點方定期開審准具保單一千元出外候審(二)又同日有布律端狀師寫字樓胡恒錦律師到公堂云代表一宗毆婢案其事主是在荷里活道某號某樓者亦是被告婢此案雖未過堂而被告已延定狀師矣（六月五號）

(四)紅磡蕪湖街六十四號二樓，肥婆李八妹，被華探張兆輝拘控於案，謂其昨將一年方十三歲之婢女名蘇培嬌者，(客籍人)毆打，致令其兩臂受傷，昨日上午，將之解往裁判署，控其鞭撻婢女之罪，韓司提審被告不認有罪，官傳小婢蘇培嬌上堂，供稱本年十三歲，被告乃我之主婦官問主婦何事打汝，答曰，因謂我不善撫其兒女，但他之兒女時常啼哭者，主婦因是將我鞭撻，官問用何物打汝，答曰，用柴枝，官聆言，乃親起立，將婢女兩臂察驗一遍，則傷痕斑斑可考，乃顧問幫辦曰，本司看此婢之兩臂傷痕，似係用火灼傷，不知曾將此婢有交醫生驗看否，答曰有之，醫生亦謂此係傷痕，惟被告則對官力辯無罪，據稱用柴枝打婢數下則誠有之，惟并無用火灼傷其身體，因該婢向有疥癩之疾，每年必發一次，此係癩痂之印，經紅磡公立醫院分局鍾醫生診治有藥水瓶爲據，(呈堂)一看便明，官問鍾醫生有到堂爲汝作証否，曰未到，官對幫辦言，如此要押候，待傳鍾醫生上堂作証，將案押候禮拜二下午兩點半鐘方審，准具保單一百元，出外候訊，(六月十六號)

(五)西關青紫坊錦榮里關姓機房蓄有一婢名肖玲年僅十二歲平日諸般虐待鞭撻炮烙體無完膚坊人久已嘖有煩言昨日又將該婢毒毆一頓當堂昏厥旋即斃命該宅乃即市棺殮葬惟時已下午五時扛至山上已是暮色四合仵工乃將之

香港蓄婢問題

先行放置山上至翌早九時許始再掘塚埋葬詎忽聞一片呻吟聲啜泣聲起於婢之棺內不禁駭然亟以鐵鋤撬開棺木察視則見該婢已經復活且能勉強起立行動惟遍體傷痕且因棺木太細致遍傷數處故其狀甚慘於是仵工將婢交往方便醫院安置一面報知關宅該宅遂出茶資三元命其導往認領惟聞該院因彼虐婢太甚已當堂拒絕不允給領刻擬設法報知其父母領回又問婢乃順德人現已漸愈可無性命之虞大北一帶之居民聞之咸稱爲奇事紛紛往觀云（廣州五月二號）

香港婢女數目之調查

調査戶口冊委員雷報稱新界北段共有婢女一百十九人南段有三十九人香港島內有七千八百九十二人九龍有六百人泛宅中人有四人合共計有婢女八千六百五十三人其中有五千七百五十八人係十四歲以下者有二千五百三十二人係十四歲及十四歲以上者此二千五百卅二人之中有三成係十五歲以下者有二成係十六歲以下者有二成係十七歲以下者有一成零二係十八以下者及每百有八人係十九歲以下者每百有五人係十九歲或十九歲以上若最多婢女地方由東邊街至基連亞利街及上截街道五歲以下者極少最多者由十歲至十五歲年紀最長之婢女有一名三十五歲有數人既嫁復回主人家中者又有數人既嫁而成寡婚復回主人家中者顯見此等人在主人家內比之在夫家更爲安樂婢女多不識字但在上截街道居住多係殷富之家最多婢女識字然婢女亦最多以婢女識字計每百有九人照計十九歲以上之婢女約一百十五人婢女由十七歲至十九歲出嫁者居多數而甚少在英國地方出世及非在廣東出世者亦甚少其中多由省城買來有少數其姓與主人之姓相同者有多數祇登名不登姓者因實不知係何姓也在衞人及印度人家中幷無報告有妹仔者但見有年少女子在屋內報稱係僕女或係育女此等名稱有若華人家中之妹仔一式而甚少住年妹華人家中多有僱用由十二歲至十四歲之男童合共計報稱育女者有一百二十二人云

◎附錄

○一九二三年婢制問題解決聲中之波瀾

華商總會同人反對禁蓄婢新例

元月五號華商總會開同人特別大敘會華人代表周壽臣伍漢墀兩君皆在座兩點四十分鐘搖鈴開會主席李君葆葵起言今日本總會請諸君到來係研究政府頒發禁止蓄婢新例及宣佈各處來函(第一欵)即爲衞保赤來函係關於禁止蓄婢之新例有所論列至本港政府不日頒行禁止蓄婢新例其中例文已見報紙所載但此例於本港地方果合否現在時代

應實行否望在座諸君細心研究云云於是由司理葉君蘭泉宣讀衞君保赤來函畢主席李君謂總會近日接到外間來函皆謂此例萬不能行周雨亭君問曰究竟本會接到外間例函若干通答曰約三四封然以衞君保赤者至爲詳晰餘亦皆反對此新例也黃君屏蓀起言中國習慣如果要禁絕婢女要正本清源因賣女者實萬非得已之舉如父毋貧窮子女衆多賣一女可以救生一家如果禁絕婢女必要省城內地各處有實業有工藝方可此所謂正本清源也熊鑑泉君起言照現時而論禁止蓄婢似非其時鄙人敢謂在香港爲婢勝過在鄉間爲女子十倍因鄉間女子要看牛挑担重物極爲辛苦試問鄉間女子能有如香港之婢女穿好食好住好乎若論爲主人苛待一層鄉間女子亦有爲父母鞭撻否各位要知得內地父母者因貧極無以爲計誠以賣一女可救生一家其女本身亦免凍餒鄙見亦如黃君屏蓀所云若要禁絕婢女除非省城有工藝廠方可云云其言甚合黃君屏蓀再起言曰鄙人尤有進者若禁婢實行則全益了養豬花之人賣良爲娼者更多因此例一行只禁止人買婢若買來作女原幷在禁例之列則貧而賣女者皆賣與鴇母龜婆將來爲錢樹子耳反對蓄婢者應再注意葉君蘭泉曰婢女問題因香港貼近內地非與別處可比禁婢二層星架坡或可實行惟本港則萬萬不可因例中有一條謂凡屬婢女皆要注册若內地出來之女子及婢女皆要注册迹近騷擾現在中國人民太多地方亦太貧苦各國皆有育嬰堂中國則不然若無人購買婢女則貧寒人家生女而溺之或將之搶死縊死而拋棄者不知幾許矣幸有買婢之例眞如育嬰堂一般衞君保赤所言誠非虛語故若禁絕婢女即無異將貧苦兒女置之死地者也又如買婢之家誠非貪買婢女之便宜因年中衣服鞋襪疾病種種較請傭婦差不多耳此新例草稿最令人駭然者厥爲十歲以下之女子不能僱工於人家之一條連做住年妹亦不能若十五歲以下十二歲以上者每月給予工金一元十五歲以上又須給多些至十八歲即不必通知主人隨時可以離職云云鄙人謂此例於婢女十分危險何以見得因婢女月中既有工金年輕者固可以亂買食物年長者智識未定一經持開放主義糊亂跟人終身抱憾者比比皆然矣何君澤生起言曰他姑勿論政府立此例有云十歲以下之女子不能作工吾敢謂十歲以下之貧民女兒不少政府既不准人家僱用十歲以下之女子政府是否預先籌劃設有地方安置此等女子或任由主人或父母擲之出街俾塡溝壑也李主席曰婢女十八歲以上即任由其他去此條最爲危險鄙人敢謂十八歲以上之男子尙無多見識何況女子又何況婢女今日拆白黨脂粉友遍地皆是滿坑滿谷婢女十八歲即可以自由出去將來一定爲拆白黨所利用言之眞令人寒心也至凡係婢女皆要注册一層尤爲窒碍譬如內地有亂事發生省中人必多不敢代人携帶貧家子弟來港蓋恐搜查騷擾也羅文錦律師曰頃間何福君剛及十歲以下之女子政府如何安

香港蓄婢問題

置一則照例文所云此係為將來之買婢者計耳現有十歲之婢女或另有設法鄙人今日甚欲得聞我華人兩代表之言論於是周君壽臣起言曰鄙人今日請各位到會係欲領教於諸君子吾人雖為華人代表而今日講語係以本會會員之資格而並非以代表之資格也今日討論之問題若果人人反對鄙人當持各位之意見向政府力爭此等所謂資料應由衆華人供給與代表而不應代表自行以私意駁論者也且代表云者代表全港人民之公意諸君明乎此則鄙人辦事手續自易易矣禁蓄婢一事鄙人個人意見只贊成保護婢女防範為主人虐待極不贊成禁絕因禁絕婢女非近日時代所應為凡做事皆有地步與時期不能過早亦不能太遲也或者俟之異日中國內地果有工藝廠織造廠能盡藏貧民之兒女婢女不禁而自絕如前時中國之纏足人皆知為無益故能不禁而絕而不必相強也諸君試平心思之保護婢女好抑禁絕婢女好鄙見則以為現在時代只應保護婢女不准主人虐待方為上策英國之所以對於中國婢女有所取締者無非為中國人將婢女虐待苛刻且試問依此例文而論則貧民兒女無以為生者政府有無補救之法也問能有多少人如何曉生先生肯捐出十萬元以充孤兒院及貧民教養院等事若剝貧民不得了時亦只有持各家自掃門前雪不管他家瓦上霜而已例文中最令人可駭者即如婢女要注册否則查出可罰銀式百五十元若果實行則偵探英差必終日不停往人家搜查矣各同人必要明白如承認此例即日後任由人到屋搜查方可現十八歲之婢女可以自由開放十八歲正在婢女愛情發動之時而有此開放之機會豈不可慮吾人以為反對蓄婢者應為我中國貧民設想若果本港多數人皆謂此例不宜行於本港鄙人當力爭未審各位有何高見甚願給些資料與我代表（衆大鼓掌）至是羅文錦律師解釋例文要點極詳黃君廣田茲將從前之防範虐待蓄婢會解釋經過情形甚為清楚周君壽臣又曰今此例已宣讀第一次第二次不能擺脫一經成立即先實行例文中第一段無可挽回又俟六個月後再行例文第二段矣西人嘗向弟質問讀反對蓄婢會有千餘人吾人保護婢女會只數百人且反對會嘗多做工夫只以紙筆墨好文章而論亦十分落力吾人會中所定費用為二元反對蓄婢會費用為五毫此層吾人當初似乎失算矣云云後主席付表決問座中各位政府立此禁蓄婢女例是否為合如反對此例者舉手於是舉手者多數亦有不舉者再問有無人以為此例不應反對者如以為不應反對請舉手則舉手者並無一人何世亮倡議請兩華人代表上定例局反對此例李幼泉和議衆贊成通過羅文錦律師解明以反對例文中之第三段羅君長肇云鄙見以為應向各邑商會徵求意見衆咸韙其議周君壽臣曰此例第二次宣讀距今尚只有兩星期若致函各商會徵求意見未知有無阻礙及延遲鄙見以為最好將今日之議案及該例全文列明交往各商會看過如果同意立刻蓋章及簽字為妙衆以為然

對於華商總會反對蓄婢條例私議

見仁

香港蓄婢問題，自前年某君召集一部份人，會議於大會堂後，惹起軒然大波，分為擁護婢制與反對婢制兩派，各盡其能事，於輿論之鼓吹，情理之爭辯，自有香港以來，以居民資格對於政府政策之主張批評，誠可稱一時無兩，然未幾即與論翕然，附和於反對婢制之態度，即擁護婢制之一派，終亦與反對蓄婢之一派聯合，各派員組織委員會，為港政府禁婢條例善後之條陳，留心社會者，方謂從此婢制問題之糾紛，可告一結束，誠以世界潮流，日趨平等，人道主義，逐漸光明，政府既具有決心，人民又一致嚮往，雖有勢力者，冥頑擁護，亦歸徒然也，自是而後，政府果一再申禁婢之明文，亦虛心接納居民對於禁婢之條例與善後辦法等等條陳，（維持婢女被虐會與反對蓄婢會各派員組織之委員會，實由政府授意兩方當事人設立，）及今乃更有條例之頒佈於此，已可證婢制問題之在香港已無復活之餘地也，不謂據昨報載華商總會諸君，竟對於政府頒佈禁婢條例，有一致反對之說，是誠關港居民不可不注意之事也，

夫商會性質，職司何事，今乃開會討論政府頒佈之條例，復鼓吹其一致反對之主張，吾誠不解政府廢止蓄婢制度，於商業上有何重大且直接之關係，似此則商會未免脫離範圍，貽越俎干政之嫌矣，

為避免商人之損害計，承認禁婢即有損害於商人，故不得不有此一舉，其說辯矣巧矣，然須知商人不過人民之一部份，以一部份之人民意見，致欲推翻衆所共認或於全部人民有關之政治條例，則吾亦未見其可耳，

復次吾姑退讓一步，承認商會有此舉之必要，然婢制問題之起已久，商會諸公，奚遲至今日表示此態度，吾人不敢謂諸公因失之東隅，故欲為收之桑榆之計，然於政府禁婢明文已下，蓄婢條例已通過一讀會之時，始大聲疾呼，以圖反對，亦無乃昧於時勢矣，諸公許有回天之大力，然亦未免如羅文錦君所云，太嫌其遲矣，蓋此項條例之待討議者，不在禁與不禁，祇在如何禁法，孰為至善，以待政府之採擇耳，

再則吾更有言者，是日會議中發言反對禁婢者，多屬列席兩會合組之委員會中人，其所申之理由，亦吾人所夙諗，以吾所知，該委員會所具於政府之條陳，已一致對於禁令無異議，只條列若者為善後之辦法耳，是則在委員會中列名之發言者，於此又不免有推翻前案之嫌，然假令其具足翻新之理論，又何嘗不可在一地，異一貝，以期面面俱圓，但今所舉，不過蠡爾陳言，毫無較此陳說更新之意義，則彼欲作推翻既定之全案，計抑何左也，

吾筆至此，吾欲代表反對蓄婢諸同志，正告一言於我定例局中之華人議員曰，兼聽則明，偏聽則暗，二君誠欲代表全體華人對於婢制之意見也，不可不就全體華人聽之，且須設法以得居民全體之意見，愼毋偏聽一面之詞，以爲可以代表全部，固執一己之成見，以爲眞理，則人道前途，受君之惠深矣，正誼所在，如炳日星，爲功爲罪，亦維人自圖耳，

羅文錦辯正報載其對於討論婢制之言論

日前華商總會討論蓄婢條例時羅文錦律師亦曾與會昨羅君經投函本港孖剌西報辯正茲將其大意轉譯如下該函云貴報(孖剌西報)本月六號所記關於華商總會之議案予竊欲有所更正免使讀者受不良感想或者予先以香港婢制問題經過之事實略爲敘及更可明此事之眞相然予須聲明者前之所述只就記憶所及者言之因前此經過予實未筆記也香港蓄婢女問題自太平戲院大會之後反對蓄婢會經多方之進行英國理藩院卒已決定革除婢制自是而後人人皆視此已成鐵案矣此後未幾華民政務司即請防範虐待婢女與反對蓄婢會同（予亦防範虐待婢女會員之一）籌商如何獻議協助政府施行理藩院禁婢之辦法防範虐待婢女會經多次之集議惟予未得機一至後經該會通告舉定分作値理予亦列名其中專任會同反對蓄婢會分任値理討論上述事件之進行予由受推舉之分任値理及防範虐待婢女會之司理使予確知予等除更易防範虐待婢女會之名目外對于一切進行決定負有全權其後兩會値理會議數次終決定承認現在婢制必須革除隨議定完善辦法爲現有婢女設想條陳於華民政務司所有値理皆曾署名此即婢制問題經過之大概情形也當華商總會敘議此案時予曾質問列席諸君指出此次婢制問題之討論何以不將應當如何進行辦法討論反討論應禁與否既屬反對禁婢則何不于理藩院宣佈禁令之前或其際提出乎次又問防範虐待婢女會會員之列席于華商會會議者若華商總會承認婢制應該保存則試問將置當日推出之分任値理於何地予從前所言並無不承認爲任何會之會員至予對于婢制問題之意見曾於于一九廿二年四月廿六號寄諸防範虐待婢女會司理矣雖予亦曾以爲論婢女被虐之苛酷情形者不免有言之太過及此等弊端可以法律解決之然予終不解婢女制度時至今日何以猶未能革除也

予于此應聲明一語予于是日通過之議案並未表示贊同因予當時曾經反對至于此項禁婢條例予亦非盡贊成予曾于當時對主席言修例之第三部予亦反對之也

一封贊成蓄婢函

東華醫院列位總理先生均鑒敬啟者頃閱各報登載本港政

行 不 貧人 女生 危矣

中國數千年以孝立國無後爲大不孝故窮鄉僻壤僅堪自給之人雖力不足以娶妻亦必勉爲借貸甚則求親朋捐助務遂於成一旦子女成羣無力俯蓄子則可以爲後女則必須嫁人與其一家坐以待斃孰不若賣女爲婢一則減輕俯蓄弍則得賣女之資以謀生三則爲婢非爲奴只改名不改姓四則其女得衣食充足不至同爲餓斃五出其女雖賣與人本生父母可隨時到探六則其女長大由主人擇嫁歸其本生父母來往是以貧人雖迫於賣女其心雖苦亦聊可自慰矣今一旦禁絕蓄婢并禁傭十歲以下之婢試問貧人生女旣不能俯蓄又不能爲婢爲工其苦可堪言哉勢不至於虐斃嬰女不止也我中國貧人嬰女生命危乎不危如謂因本港有虐婢事發生不能不禁獨不思本港亦有虐本生女事發生又何從而禁此等殘忍之人女可虐婢亦可虐此不過少數而已本港所蓄之婢數幾逾萬虐婢之事不及千份之一僕敢謂虐本生女之事同所罕見也全世界數十國合計約有十六萬萬人口而各國各埠俱設有育嬰堂以收留貧苦嬰孩惟我中國人口約四萬萬佔全世界四份之一人口旣多覺無育嬰堂之設并得我中國有買婢之習俗是以貧苦嬰孩有所依歸僕敢謂各婢之家實各具一育嬰堂性質如欲禁絕蓄婢必待中國多設收留貧苦嬰孩之所然後方可舉行否則是不揣其本而齊其末徒有人道主義之虛名實則將我中國貧苦嬰孩斷送生命於無形耳業仰

位大 総督 公益 不

國人詳細討論并求代向我華人代表兩君力爭督府此例取消則將來貧苦無依嬰女咸感大德於無涯矣耑此并頌耆安

弟衛赤保上言

東華醫院街坊叙會討論禁婢新例之結果

中華民國十二年正月十日下午兩點半鐘東華醫院開闔港街坊大叙會討論政府將頒行禁止蓄婢新例是日除東華醫院新舊總理數十位及華人兩代表周君壽臣伍君漢墀外其餘街坊多屬叙會中人及反對蓄婢會中人與本港各工團人數逾千人東華醫院之大堂天階石級皆爲之擠擁東華醫院開院以來所開之街坊叙會都以此次人數爲最多至兩點三角鐘搖鈴開會先由書記梁君慶揚宣讀前發出招集街坊與會之告白宣讀畢主席盧君仲舉起言曰今日請各位到來係討論政府行將頒禁止蓄婢新例此例已見各報登載諸君亦有目共見故請諸君到來研究現在時候此例應否合行云基督教徒施懷之君起而問曰請問主席今日叙會是否以街坊爲主體議事有無文明規則先宜佈傳與會者有所遵守主席盧君答稱今日係街坊叙會只請街坊到來研究此新例是否應行例中有無窒礙耳餘無何等規則也蘇佩球牧師曰如以街坊爲主體則請由街坊中舉一主席以昭公允盧主席答曰東華醫院歷年召請街坊叙會都以當年首總理爲主席茲此

香港蓄婢問題

五十二

香港蓄婢問題

層不能辦到某工會中人曰街坊會議應以街坊為主席且議塲內文明規則本不准人吸煙方為合格（因當日團坐於大堂中桌上者為吸紙捲煙故有是言） 主席曰今日不過大衆討論本無何種束縛規則各位隨其所安而已某某會中人曰若無文明規則則秩序必不良吾人今日來此無規則與吸煙之叙會又何用徒費光陰而已青年會某君曰今日研論新例不必理會及他講各位各抒己見施慎之君曰今日弟講幾句禁婢一事關乎國體關乎人格弟今日為女同胞同其原有之人格故向各位貢獻數言因覩女同胞之受此慘苦如骨梗在喉不吐不快吾人處於今日當與各國取一致之進行平等不能存有階級之思想買賣人口為文明各國所例禁我中國處此二十世紀時代凡應革除之陋習不可讓人亦不可等候到外國人強迫而後行我中國以人為貨蓄婢之家多以妹仔變為二奶二奶之妹仔又變為三奶其餘以次類推至金釵十二行無不為妹仔之變相其蓄婢之黑幕指不勝屈吾人今日為人道主義計實不容再有蓄婢制度之存在云云（於是鼓掌者居多數）何藻雲（瑞昌西藥行東主） 起言曰吾人何以要蓄婢貧家又何苦要賣女此層不可不研究若只謂蓄婢為不合此制度應要禁絕未免不端其本而齊其末因賣女者實因家徒四壁父母本身不能自養烏能養女賣去一個可救生一家吾有某兄弟曾在下四府該處患求災時有欲以女賣與人五元之 者兄 不要人只 予二十元之多但并不要

百十三

人而該女童之父母尚多方央求收受其女免變為餓莩可見賣女者實有不得已之苦衷云云青年會某西裝少年起言曰此君之言極當中國人若能人人如此君之所為只給予欵項與貧民不必要人之女為婢不致令人父母骨肉分離買得人家之女即作為最賤之馬牛之不若因若馬若牛當牽其往宰制時尚曉啼罵若婢女被鞭撻時雖欲哭而亦為主人以物塞口哭亦不能奏此等慘狀實不堪言以人為貨殊非人道所應爾在座諸君應效此君只施錢與貧民不可令人骨肉分離也（鼓掌）海員陳杏林君曰講到賣一女救生一家及父母或有病無錢醫理要賣女方有錢醫理一層弟已親嘗此中況味因前數年吾妻有病無錢醫理乃將女去某財主佬處求售以為藥費賣得一百元經已寫契返家吾妻只見有銀拈回不見女返左思右想一家反坐卧不寧日夜啼哭病反加重翌日乃再往見某財主佬欲持一百元換回其女而財主佬不肯矣乃往商諸狀師狀師問我有寫賣契否吾答有之狀師連搖其手謂不能為力吾無法迫得低首下心向財主佬求准不時令我父女相見又未蒙大財主佬允准吾返家怒極亦羞極乃亟將所得一百元擲諸海中無何吾妻竟不樂而瘥吾今亦施施然有西裝穿着而奔走於社會塲中不必倚靠賣女之欵而可以度生活此可破除賣女救生一家之意見也海員工業聯合總會蘇兆徵言曰婢制到今日應要剷除不容有留存之影跡吾人一致 成政府現 行之 例為合潮流為公 熙君

泉起言與在[illegible]次[illegible]商[illegible]議時言論無異不使再錄剪髮煥然工社徐公俠與先施公司歐亮皆次第發言主持禁止蓄婢而己楊君少泉與馬應彪夫人之議論爲動聽（因演說詞過長趕於刊印準明日再行錄出） 杜君桂卿曰頃聞有某君言買婢之家多以婢僕爲式奶式奶之婢又陞爲三奶此種事實弟敢謂今日座中實無一人肯承認非觀歷其境不能發出斯言所謂曾經滄海難爲水不曾現身說法也惟有一事頗爲奇異弟不能不趁此叙會而解明之因近來好事之人多以保護婦女一方面及可憐婦女者多惟男子則無人可憐女界即有多人擁護如解放婦女及纏足會等是也但男子賣猪仔何以無人可憐何以無人設法將猪仔解放蓄婢則以爲羞辱國體未審賣猪仔亦以爲羞辱國體否鄙見則以爲賣猪仔之慘況確甚於婢女萬萬倍其羞辱國體亦萬萬倍也杜君言未已歛會中人與工會中人已紛起唾駡咸謂其所講爲離題萬丈於是羣起嘩然主席搖鈴制止不住秩序幾亂青年會某君請各位無嘩主席亦宜從速付表決免阻時候盧主席答曰今日不能表決只可討論頃聞諸公偉論茅塞頓開惜今日之會前曾通知各商會尚未有覆函今日又未有代表與會鄙見以爲不能即日解決須暫押候異日也工會中人大嘩咸謂不公道海員工會蘇兆徵曰貴院只知請商會亦曾有函請工會與會否今日不到應作爲默認斷無押候之理附和此說者多噪聲大震主席再搖鈴制止不住羅文錦律師起言曰衆位毋嘩鄙人有一言今日大[illegible]鄙見亦以[illegible]即解決毋須押候方[illegible]公[illegible]但現今作爲主席退位我衆人再舉出一主席再行表決如何齊聲贊成准盧主席依然不離座乃起而付表決問贊成政府禁婢新例草稿者舉手於是歛會中人工團中人及反對蓄婢會中人一齊舉手幾佔九成之數主席再問反對此新例者[illegible]手舉手者只得四人遂以多數表決通過禁止蓄婢新例各人多大聲多謝主席婢女萬歲多謝東華醫院之聲不絕此種聲浪到保良局前仍未止也而對於發言謂何不維持猪仔之某君咸欲舉拳毆之是日會議於是乎告終惟是日婦女與挑担苦力亦到場不少延至四點半鐘始散會

牙科醫生楊少泉演說云鄙人得此機會伸論愚見以盡街坊個人之天職曷勝欣幸照報載今日所討論者乃因政府行將頒行禁止蓄婢新例故東華醫院爲此事特召集闔港街坊討論此例有無於我華人窒碍之處鄙意以爲對於此例之有直接關係者厥爲三方面之人（一）是婢女（二）是婢女之父母（三）爲蓄婢之主人對於婢女方面而言尚恐此例頒行有所窒礙弟敢請衆寬心因婢女問題自陽歷前年在太平戲院開大會討論之後香港就組織防範虐待婢及反對蓄婢兩會該兩會對於婢女問題最爲留心經多次討論及華民政務司[illegible]理藩院之訓令着該兩會聯呈一辦法以助政府革除婢制該兩會遂各舉出七人爲兩會全權代表經多次磋商卒擬定一辦法呈遞華民政務司轉達政府今議例局已通過第一讀[illegible]

香港蓄婢問題

禁止蓄婢新例雖不是完全照足兩會所呈出之辦法然可以謂是根據兩會所擬之辦法而定由此觀之則此例對於婢女方面可信無窒礙之可言吾恐有碍婢女之父母此節更不成問題倘此例一行得華民政務司之同意父母便可領之回家不費一錢誰不欲一團聚骨肉團圓上月中有一婦人對弟謂彼有一女八歲時賣與人爲婢身價九十元今已十一歲現聞主人之女行將出閣欲將彼女作倍嫁妹心甚不忍以其將轉新主人日後不知如何間弟有何辦法弟請他往見華民政務司過兩天該婦人又來弟問其究竟他云華民政務司着他與主人商量後如命往見該買主幷願補回身價九十元惟主人不允謂養婢數年食用衣着花費不少須補回一百八十元方能准贖者他說在港弟問華民政務司知否他答云知之弟不禁詫甚旋對他云香港向不准買賣人口何得謂在香港賣女而華民亦知此事他乃云昨在華民政務司面前並非說是賣與他乃是說送與他由他補回醫藥銀九十元而已弟於是了然遂對他曰此乃你瞞騙政府之過汝惟有仍向華民政務司申請弟不能爲力因吾人之辦法已交政府須俟政府執行方有根據該婢遂去準斯以談倘此新例一旦頒行則該婦不費一文便可骨肉團聚是婢女父母之一方面盟新例一頒行正有如囚徒之望皇恩大赦也此外尚有蓄婢之主人一方面而已鄙意主人方面本無問題盖有錢不愁無人僱用所窒碍者數千年積習一旦剪除之而已弟回憶提倡剪辮時弟亦提倡

者一份子但當弟初落髮時亦覺有一種感想以其數十年之長養一旦與之分離似不舍之意但一經剪後週身暢適是切剃不便於一時而受益者無限吾人又何可以習慣而傷人道哉有人謂中國內地亦貧賣一女可救一家若行新例禁止蓄婢無異將婢女置諸死地大有非鬻賣女無以救內地窮苦之勢廣東今日可謂窮矣紙幣低至無盤政府搜括俱窮尚畏人言不敢公然開賭籌餉况吾人居於法律治下之地竟敢公然提倡買賣人口以救內地之窮耶誠國之恥也况最近政府調查在港之婢女只八千六百五十三人則盡其量亦不過萬人即使蓄此數千婢女又何能救中國之窮困哉近日窮困者莫如汕頭之災民何以不見各善長仁翁發起蓄婢會以收買災民之女以救一身而兼及其一家耶吾祇見各善士踴躍輸賑濟之而已是救濟之有其道也有謂若要禁絕婢女必要內地有實業有工藝方可今非其時但昔日美國林肯提倡釋放黑奴時黑奴之主人亦謂此非其時因黑人未受教育不善謀生一旦使之自由自主無異使之束手待斃倘美人必俟黑奴有教育謀生然後釋之吾信今日仍未釋放也數星期前艾迪博士來港演說謂黑人今日自設之大學甚多教堂亦甚衆試問未釋之前能夢想及此否耳更有引中國纏足之事爲比例者謂至時人皆知無益不禁自絕此言甚似二世祖享父遺蔭以爲其父一出世亦如己一般之席豐履厚毫不知創業之艱辛者中國之放足端賴數十年前教會在上海所發起之天足會該

之女士四處宣[illegible]不惜舌敝唇焦[illegible]作[illegible]謠傳單又將[illegible]足影刊畫報表彰其折骨爛肉之慘苦當時入會者具無限犧牲未纏足者不纏已纏足者解放雖當時風俗大脚者無人娶作正室亦不顧及倘當時無該會吾恐扶離挨壁之女同胞仍觸目皆是不禁自絕云乎哉又有謂禁婢實行全省之養豬花者實良爲娼因此例只禁買婢不禁買女吾人只好見事論事如婢當禁則禁之若以禁後有流弊則設法杜之或連育女一並禁之耳又有人謂若此例一行必要註册否則偵探英差終日不停入屋搜査無乃一種聳人聽聞之辭否則亦自爲擾累耳蓄新例頒行六個月之內蓄婢者須往華民政務司處註册即如報生死册或種痘等類費些手續耳倘逾限不報始行傳控耳婢奴並非私烟不能藏匿又何致終日英差偵探入屋搜哉又有謂十八歲准其自由此係最爲危險恐爲拆白黨利用而幹不正當之舉此亦過慮之詞即以常例而言婢女年已及笄則應嫁者嫁不願嫁者則梳起由其自由覓工如平常女傭一般試問爲主人者能終身監視約束之乎明乎此則無鰓鰓過慮也則退一步言照現時婢女不過八千餘人就算有一成爲拆白黨所利用亦千餘人耳犧牲少數就可革除婢制救回將來無限之女同胞孰輕孰重不言而喻也況政府既將之註册則必較前時梳起者更爲妥善倘以政府禁止之法確有流弊亦惟有共籌良法呈諸政府以善其後者斷不能因咽廢食保留婢制也更謂禁絕婢女爲種下罪惡者誠不與足言總而言之禁婢之事一定[illegible]行因此事前經英[illegible]之[illegible]防[illegible]府特婢女會與反對蓄婢會亦共同多次叙議即當日謂禁婢爲種罪惡者亦在其列呈出禁止之法又得理審議院之採納復又經議例局員討論第一讀會通過則禁婢之事爲惡爲善是甚是損己昭然若揭故敢倡議贊成政府頒例想來會諸君皆以慈善救人爲心定必一致贊成速行此例以維持人道也衆鼓掌馬應彪夫人起而言曰吾人今日十分多謝反對蓄婢會諸君發起開放婢女挽回我女同胞之人格余敢代表式十餘萬女同胞多謝多謝抑小妹尤有進者蓄婢之陋習全不關男界方面是我輩女界所嗜好爲中國向來之積習因婦女所愛蓄婢者以婢女能打扇槌骨搔背等賤役也（哄堂）然此等賤役未免大傷人道故禁止蓄婢革除陋習必先自我輩女界同胞始云云說畢無不鼓掌曾富君起言曰今日在座諸君所發言論多偏於一面之詞惟鄙人見得養婢與賣女者皆有不得已之苦衷在如我之老妻於去年十二月返鄉忽遇海員罷工不能來港使我恩愛夫妻隔別有個餘月及後返港在他人必以爲隔別日久恩愛倍加矣而豈知有大謬不然者因我個愛老妻竟帶有年約四五齡之婢女三四人而返吾一見即由恩愛而變爲惱怒責其於今日時代不應再買妹仔不由分說乃將老妻大責一番及顏色少霽時老妻方向我解釋明白謂他實不欲買此女因其父母爲飢寒所迫己身尚難顧焉能顧及其女乃將女送與我妻爲女以救其生命吾再三觀之該女果

香港蓄婢問題

面白如紙蓋己餓到無一點血色矣吾當時己預料其不能養育惟老妻以一念慈心竟受此累本年杲因病而送入廣華醫院死矣此賣女買婢皆有不得己之苦衷諸君幸勿只偏於一方面而不爲貧苦人着想也云云繼由羅文錦律師起言謂今日諸君所討論者兩方面多有言過其實對於政府所立之新例毫無研究鄙見以爲應將例文討論方爲有益方爲切題於是羅律師將新例逐一解釋十分詳明幷云第一段實無可反對之處只第三段有未盡善及諸多煩擾然此可向政府稟請修改至完善爲止云云

反對蓄婢會大會

禮拜六下午三時反對蓄婢會值理又假座青年會請同人大敘會擬表同情於政府贊同行將頒發之禁止蓄婢新例是日與會者約三百餘人楊君少泉爲主席而坐於臺上者有周懷璋醫生林護君顏君裕君王愛棠牧師馬應彪師奶等主席楊君宣佈開會理由畢(畧旋由中文司理顏君裕)將報章讀告於大衆顏君曰座上士女同志諸君本會自一九二二年三月廿九號開成立大會於此由會衆舉出值理六十人後由此六十人互選幹事値理九位即正會長黃茂林副會長楊少泉周懷璋中文司理顏君裕西文司理安德臣司庫林護司數黃錦安調查部長馬應彪師奶演說部長洪濤飛現在黃茂林安德臣洪濤飛三位因商業上起見或遊歐美或赴廣州故復舉王

百十六

愛棠牧師吳天保霍靈健胡爾棟四君以勸同辦事同爲幹事值理負全會之責自是以後凡有益於禁止蓄婢之事力所辦到無不爲之仍繼續委員會條陳辦法之議蓋自華民政務司面托反對蓄婢善法本會舉出黃茂林周懷璋吳天保王愛棠安德臣顏君裕洪濤飛七位防範虐婢會則舉羅文錦周俊年黃廣田黃屏蓀葉蘭泉謝家寶湯壽山亦七位合組委員會皆取得全權代表任務多次敘議討論再三詢謀僉同擬就辦法於陽歷五月廿九由各委員親筆簽名具呈政府計其內容最要之點則有數事(一)立例將妹仔之身契銷燬復其自由嗣後香港永無妹仔之名而尤以注册一層爲重蓋妹仔既己注册便易於稽查至廿歲時即完全自由或去或留婚嫁與否由本人自主舊時之主人不能過問(二)設教養院凡婢女爲主人所不願留又不能自謀生計者均入於此教之養之(三)設傭工介紹處以舉薦一般力可謀生使其勤勞食力以爲自立此條陳之大畧也現今政府將頒行之禁令多取材於此實不廢華商總會有集議推翻而保留婢制也現發言之黃屏蓀黃廣田葉蘭泉三君爲防範虐婢會全權代表加參禁婢委員會共擬條陳上呈政府主張革除者乃前日以爲是今日何以爲非出乎反乎甚可怪也若前日東華醫院開闔港街坊敘議吾人以街坊之資格赴會討論當時各界人士逾千人而此千餘人足以代表闔港華僑之公意遂一致通過贊成政府頒行禁婢新例可知吾人之人格猶存弊俗可改良用欣慰然事有散

於垂成者所謂爲山九仞功虧一簣當此工讀會未成立之前一髮千鈞之際稍縱即逝彼片面觀者每欲從而推翻之用是召習全體大會佈告一切力謀貫徹初衷深望會員諸君竭盡心力援助政府以成禁止蓄婢之善舉由是革除惡俗保障人權諸君之榮亦全會之榮也司庫存款有四百十一元六毫九仙中會百數十元係前兩日席間由十數位値理隨意捐助者會務經過之情形與乎關於此事之文字著作輯成巨帙經己發刊諒不日出版即以分送會員諸君以留紀念其印刷工料在三四百元之間其餘或徵求會員否與續收會費否皆視政府於工讀會如何及能否頒行禁令以爲斷此諸君之重托於吾人與吾人之岌岌皇皇期以不負諸公所望而達到禁婢目的者如此至是由吳天保醫生婦政府行將頒行之新例逐一用華語向衆細爲宣佈畢主席楊君少泉起言曰頃聞吳天保醫生宣佈例文諸君諒必己了然於心目本會意見例文中第十二節應要討論此節係關於妹仔十八歲以後即有自由權不必通知主人又不用贖還何種款項但婢之義務與責任頗多如煮飯洗衣或偕少主人前往書館等事若一旦離職於主人方面不無有碍鄙見以爲應向主人預先通告兩星期故今日提議除向政府懇請將第十二節修改外其餘全例盡地贊成本審在座諸君以爲合否特此統求衆意如以爲合則請舉手於是一致舉手贊成主席再問有反對者舉手則反對者無一人遂通過散會

反對蓄婢會致各商會工會書

各商會工會諸公偉鑒，敬啟者，昨讀報章，得悉華商總會，決將本港政府禁止蓄婢新例，徵求各商會意見，藉以反對禁婢，此事與我港僑人格，及婢女禍福有關，敝會不得不盡情上陳，惟希採擇焉，査婢女制度，實即買人供役制度，文明各國，早經懸爲厲禁，我國自有清末造，以迄民國初葉，亦已訂有專條，按罪科罰，固不獨本港有此例也，夫僱人供役，亦既足矣，何必强留買人之惡例，果其無甚禍害，自無怪商會諸公之保存，然其如禍害之中於人羣者實深何，誘拐視如商品也，虐待如馬牛也，蓄養之以爲雛妓也，何一非此買人之陋制種其因，而社會之人士蒙其毒乎，今政府將婢制革除，改買人供役之制，爲僱備之制，受僱者旣來去自由，僱用者亦進退如意，何其善也，論者又謂革除婢制、則貧家女子，無售賣之機，是直置諸死地耳，抑知婢女之惡制，雖遽剗除，而婢女之任務，實無稍減，他日者買人之途既絕，傭人之路遂開，一反掌間，貧女即可加增生路，彼倡言買人以濟貧者，亦何嘗不可僱人以濟貧乎，而必斤斤然主張立契買之何爲也，顧又謂婢制必須改革，旣聞命矣，然其如不適民情騷擾太甚何，不知所謂騷擾太甚者，亦不過注册一端而已，然試思學校注册，其有騷

香港蓄婢問題

擾學校否，公司注册，其有騷擾公司否，醫生注册，其身騷擾醫生否，人民生死注册，其有騷擾人民生死否，注册之事，不過一種行政手續，藉以稽核之，保障之，不致無所措施而已，即例文中或有一二之點，恐流騷擾，祇宜明白指出，求請修正，斷無禁婢全案，概行推翻者也，今日者華商總會，已聲言函徵意見矣，須知周議紳之言曰，此等資料，應由衆華人供給代表，未知我商會工會諸公，其果甘以保留買賣人口之資料，供給我代表乎，抑將以廢除買賣人口之資料供給我代表乎，浸假以保留買賣人口之資料供給代表，則他日婢制萬歲，拜賜固多，浸假以廢除買賣人口之資料供給代表，則港中婢女數千，受恩不淺矣，爲利爲害，何適何從，諸公明達，必當知所圖云，反對蓄婢會謹上，

本港工團大叙會贊成禁婢新例

昨日下午一點鐘本港工團總會與華工總會所有各社團共一百五十四家假座卅間華人基督教青年會開工人大叙會表示贊同政府將頒竹禁止蓄婢之新例是日本港一百五十四個工團各派出代表出席是日議事之秩序(一)宣佈員搖鈴開會(二)由衆舉出一位臨時主席(三)主席宣佈開會理由(四)請反對蓄婢會代表宣佈經過情形(五)討論(六)提議(七)畢會於是時己兩點鐘久各工團始陸續到齊宣佈員徐公俠搖鈴開會旋由宣佈雖請大衆舉出一臨時主席廖德三舉海員工會蘇兆徵爲臨時主席洋務職工聯合會梁秉鈞和議衆贊成蘇仍謙讓一番始登主席位遂由主席對衆宣佈婢女制度之慘并云如受僱於人之工人若東家有不良好之待遇儘可辭職惟婢女則不能不特喪失其個人之自由抑且墮落其固有之人格且婢之終身有爲主人賣落娼寮者有嫁與七十歲老人爲妾者不一而足故我工友們對此婢制應當贊同革除前者東華醫院開街坊會議時已全體通過惟我工人應極端贊成以重人道主義云云於是由宣佈員請反對蓄婢會代表楊君少泉將經過情形對衆表述極詳然不外前者己述過故不再錄惟楊君未宣佈之前極讚工人深明大義據稱有等人反對工會者則惟工人只知要求加薪減短時間餘不曉得憐卹人覩於今日工團之踴躍赴會贊同政府之禁婢新例可知工人能抬高人格爲公衆謀利益云云後各工團代表互相討論皆係發揮婢女之種種苦窮形畢肖又由徐慕法君將譯成之新例逐條向衆解釋爲時歷三刻鐘之久方始解釋完妥主席後問各人贊同此禁止蓄婢新例否請舉手於是座中一齊舉手一致贊成通過主席後又舉出一班分任値理再將此例詳細參訂然後向各工會請蓋圖章畢即交上華人代表周壽臣伍漢墀二位轉呈政府察核云至四點後鐘方散會

百十八

禁婢新例草案

第一段

(一)此例名爲一九二三年治理家內女僕則例

(二)凡人誤以資財交給女童之父母或其管理人或其僱主以交換其父母之固有權得其主有與其主屬權得以保留管理該女童脫離其父母自此之後無論何人皆不能以資財交換得他人以上種種之權利

(三)此例中所指

(甲)妹仔內包括

(一)凡家用女僕其僱主以資財或直接或間接或在本港或不在本港給別人而得一女子以充家用女僕者

(二)凡家用女僕其僱主現在本港內外得有保留管理如上文所述之女子或在前主或於其死而以資財如前所述交換而得者

(乙)凡所規定即指本條所規定者

第二段

(四)無論何人不得僱用妹仔

(五)無論何人不得僱用女僕未足十歲者

(六)(一)凡己有妹仔之主人須供足其妹仔以合宜之衣食有病則延醫診治如其待遇之女兒一般者

(二)凡有妹仔者不得使其妹仔過勞或有不當於理而虐待懲責有與己之女兒不同者

第三段

(七)(一)本港督憲得在議例局設例規定

(甲)妹仔註冊及令日日清楚註登册籍

(乙)妹仔傭值

(丙)巡査及管理現在及以前之爲妹仔者

(丁)執行本例文之政策種種

(二)所有本例文之各條於刊登憲報之後即於議例局首次開議時交議如開議時經表決其條文或應當取銷或應當如何修改則該條文不當計慮曾有何偏見遂即出刊登憲報之日取銷或修改

(八)(一)凡人於此段施行之日在本港僱有一妹仔即將該妹仔照所指之辦法於此段施行後六閱月月內註册

(二)凡人不論何時於此例施行後僱用一妹仔曾經買受而到本港者須於到港後一星期內照所指定之辦法註册

(三)本港華民政務司例可有全權拒絕某妹仔之註册及將其妹仔除去册名

(九)除所規定註册之時期與第二段之各欵無論何人不能僱用未經註册之妹仔

香港蓄婢問題

(十)除現規定註册之時期內與第二段所列各條外無論何人不能僱用未足十歲之女僕若經註册之妹仔則不在此例

(十一)(一)自後妹仔不能由一僱主轉交別人除非僱主身故由華民政務司據其意爲可者依例給諭將該妹仔轉交新主

(二)無論何人於此段施行之後或因其前主人身故或別種緣故得爲妹仔之僱主者須於其爲該妹仔之僱主之月起一星期內循照以上之辦法報明其事實

(十二)凡妹仔己逵過及巳十八歲者可隨時離其僱職無須先行通告及交回價値

(十三)凡妹仔在十八歲之下者欲復回其父母或當然管理人歸其管束與在十八歲下之妹仔其父母或當然管理人欲得回歸其管束者可不用交回價値得之惟若華民政務司見有於該妹仔大不利者可阻止之

(十四)凡妹仔在十二歲以下者可有權投稟華民政務司該華民政務司接收該投稟之後例可發給諭令處斷該投稟人之管理屬管及僱工與僱工情形各事

(十五)凡妹仔在十歲或十歲以上者應得備値其數當所規定

(十六)此段(即第三段)各條須於督憲出令公佈時方能切實施行

第四段

(十七)凡人違犯或不遵本例文之各條欵或各規則者可受控告如經定罪罰欵不過二百五十元

(十八)本例文內凡有控告須得華民政務司允許方行

(十九)本例文對於一千八百九十七年保護婦女則例所授與華民政務司之權限毫無防碍

定例局二次討論取締蓄婢則例

十二月廿三日下午定例局叙會將取締蓄婢則例付二讀會各議員發表意見歷時甚久首先討論者爲普樂議員普樂君代表英人方面發詞謂目下華人議董對於吾（普樂自稱）之言論經已贊成即英人議董對于華人無官守之議員之言論亦取同一致云以至提及該例爭點普樂君又謂婢女法制固非如廢婢者所期之有益亦非如蓄婢者所言之有害也無官守議董對于例內防止虐待婢女之條律均一致贊成且于防止虐待一事更提議兩欵（甲）如有控告虐待婢女或逼婢女作工過多須取醫生証據此等虐待無論是否近於殘忍判官定必執行懲罰（乙）如近于殘忍犯人不得罰銀贖罪可定一年以內之監禁普樂君又謂如監禁加以苦工于事更爲有濟至於販賣婢女以營醜業尤當注意周君壽臣對於該則例亦有發詞督憲答謂此例之要點全係禁止蓄婢且已得理藩院命令謂此例在所必行日後各英屬不得蓄有婢女云次由周壽臣議員將前數星期間華人各團體贊成及反對此例之異點繹述無遺並繼續宣言畧謂吾（周君自稱）已盡力之所能詳陳各派贊成或反對此例之議論前接反對蓄婢會英文秘書來函表明其幹事員對於此例之意見業即轉交法政司研究又承該會秘書畧託在本局聲明其函中提議各欵實難復有遷就蓋該會幹事員贊成此例而附以某種修正文以增其効力吾與伍漢墀君復接到華人各工會華人青年會華人耶穌教會及華人總商會等來函俱業交政府收覽矣吾既勉從兩方面之請援述其所懷抱之意見今當將吾與華人同僚對於此例觀念爲諸君告焉華人對於此例意見紛歧則爲局員者無論其所代表的人之意見如何公正亦不應祇發表其意見便完厥職必須參酌兩派之辯論點剖決難題而目下判斷鄙意此事之難題在於妹仔是否爲奴如妹仔是奴則本港將不容有此種制度之存在再延一日之久惟該例第二欵已釋明妹仔之意義而虐婢之事仍時有所聞故政府宜特殊保護妹仔虐婢之人最堪痛恨雖罰以巨欵仍不足以儆其辜或謂此等殘忍性成之少數人非此例所能阻止其虐婢者若然其說故宜判虐婢者以長期之苦工監禁吾與各非官議員同力拒妹仔註册之辦法如蓄婢者必須註册及遷居之住址與暫時攜婢離港俱要報告則種種不便之煩擾將永無止極吾不承認贊助此例者之言論謂觀於居民生死學校公司醫生等註册之施行順利則蓄婢註册當不至有不合理之煩難此種辯論完全錯誤蓋任何公正之人如稍費腦力應確知蓄婢註册之與別項注册其難易固大不相同也且依照則例所定僱用妹仔者無論其處於何等地位亦須領取認人票一紙一若其爲釋放之罪人隨時向警局投報蓄婢註册之例如實行有効則有查察員親往居民住宅之必要而此實足以啟各種弊端之途徑如行賄及匪徒假冒偵探入屋等等且干涉及於住宅之寢室尤爲自由人類之所嫌惡況妹仔註册不能免被虐

香港蓄婢問題

待贊之店伴註冊不能禁止盜竊與虧空此例一行蓄婢者當願將所有之妹仔交與政府或政府所設之堂院以免受註冊則例之束縛則港中約有妹仔一萬名政府須給以住宅而為之謀職業之所故華商總會函中有言不幸中國與本港嬰堂甚少而目下蓄婢之家即為妹仔之嬰堂否則多數妹仔非為其父母所溺死亦將相率餓斃於香港與羊城有密切關係此例雖在港實行而羊城不同時施禁亦不能絕蓄婢之風鄙意欲改良此由來已久之社會慣習非猝然厲行之變革所能收效蓄婢之制根於生活經濟之情形而發生已歷數千年宜以教育輿論之方法從漸而改革之觀於女子纏足一事可以知矣吾與華人同事之意即非官守議員之意見以本港當此過渡時期若定僱婢者為違法勢難實行但欲免妹仔之遭虐待則宜處治最殘忍婢主以長期之苦工監禁最可惜者贊助保存蓄婢之人迄無甚聲息吾為此言吾欲贊成與反對兩派皆應將其意見遞諸理藩院大臣也贊成此例之人雖本於高尚之觀念但吾恐其熱誠禁婢而未暇平心靜氣以研禁此問題所需之重要吾從未蓄婢亦不因此而冒昧主張將良好之習慣一旦掃而除之吾與華人同事業已審慎考慮蓄婢問題而所發表之言論亦非有所畏懼或有所左袒吾輩甚贊助先進非官議員在委員會動議之修正文云云後又由督憲發詞謂養妹仔制度必須取締且代表英政府及英人之理藩院亦已頒下取締命令故無降順之可言但于例內有何種更改大可

百廿二

執行惟不能離取締蓄養妹仔大意故自今以後英屬區域必無蓄養妹仔之理至若普樂君所提之修改其中多數大可採用雖不能完全贊成然亦感激普樂君費如許心思以為妹仔謀幸福遂將該例再次宣讀後又由普樂君提議修改例內第二節謂女童之父或管理人或女童之僱主不能于出銀交手後視該女童為一己私有而任意拘束如此議輔行對于該例效力較為直接收效其次對於例外第四第五兩節極欲提議移往例內第三章吾（普樂自稱）思度許久非官議員亦以為可免但此議無論當否請將此呈上理藩院督憲謂會接公牘來電謂此例刻不容緩普樂君又謂例內第六節須替換而以第二節為支段但此較為妥當法政司無異言遂贊成該議普樂君又提議將下列新例加在第六條之下如遇有虐待或過分妹仔過于作工須取醫生証據以証出該妹仔之傷處則無論近于殘忍與否判官可判罰款如近乎殘忍則不得罰款贖罪判官可定以一年以內之監禁法政司亦無異言遂採用該議普樂君又提議例內第八節謂一八九七年之婦女律例及一八六五年之犯害人律例須加入此例并詳述加入理由法政司謂此議雖無反對惟無採用之必要議遂通過同時又定第七條加入該例第三章再後又將妹仔之年歲討論普樂君謂妹仔固可隨時離職云云「此議案至二月十五號再議」

蓄婢則例三讀會情形

十五號下午定例局敘會將規定處理德人及各會社前在港

中所經營之某種救會事業與管理其物產及辦事人員之則例付二讀會通過又將修正一八八四年醫生註冊則例及一九二一年維持秩序則例付三讀會俱通過復由股員會討論取締蓄婢則例於文字上畧有修正法政司動議付三讀會局員荷理玉帕亞史蒂芬及史督相繼演說畧謂中國人士及報界對於華人蓄婢之評論頗多有不明眞相之過甚以致有玷本港之令名等語隨將該例通過三讀會展期本月廿二號叙會

家庭女役則例（或稱取締蓄婢新例）

家庭女役（即蓄婢）則列之草訂議案曾刋前編茲經定例局第三讀會修正通過特再為譯錄如下

規定家庭女役之某種形式則例　督憲得定例局之指導及允許訂立則例如下

第一節（一）此則例可名為一九二三年家庭女役則例（二）有等人誤以為給銀與女童之父母或管理人或主人作為將某項父母權利移轉之酬報可將物產之某種權利加于女童對於女童之父母或管理人與女童自己留有保管統轄該女童之權利故茲特聲明頒布如此所給之欵毋論如何不能將何種權利給與交欵之人或何人（三）本則例妹仔名義之解釋妹仔包括（甲）凡家庭女僕其主人目下曾直接或間接在港內或港外給欵與人藉以取得該女子為家庭僕役者（乙）凡家庭女僕其主人目下曾在港內或港外由從前給欵之主人或因前主人去世得有保管統轄該女僕者（丙）指定之意即按本則例規定所開列第二節（四）此後無人得取妹仔為伊之用（五）此後無人得取十歲以下之家庭女僕為伊之用（六）（甲）妹仔主人不得令妹仔過于操勞或虐待或將妹仔懲責與合理懲責其女不同（乙）凡妹仔主人須給妹仔以合宜豐衣足食如遇有病為之延醫診治希望主人與自待其女相同（七）（甲）凡控告過勞或虐待妹仔須在訊案之裁判官前取妹仔受傷之醫生証供而裁判官須查明以為如此虐待是否竟同殘忍（乙）如裁判官查得虐待儼同殘忍不准犯罪者罰欵抵罪裁判官須判定其監禁不過一年（八）一八六五年干犯人身則例及一八九七年保護婦女則例所載照前施于妹仔（九）（甲）此後妹仔不得由一主人轉歸別主人如遇主人去世華民政務司於妹仔之轉歸新主意中以為合宜可以合例頒發命令（乙）本則例頒行[illegible]後凡因妹仔主人去世或別故而轉為妹仔現在之主人者須照指定情形於一星期內將實情呈報（十）凡妹仔欲交還其父母或本來管理人保管及十八歲以下之妹仔其父母或本來管理人欲將該妹仔交還其保管毋論如何毋庸給欵除是華民政務司為妹仔利益計是得有極大反對則否（十一）凡妹仔照從前辦法有事可有權向華民政務司稟訴而華民政務司對於稟訴人保管統轄仔用與任用情形意中以為合宜可以照例頒發命令第三節（十二）一督憲在例局為下列事故合例訂

立規條(甲)妹仔註冊保全至最近日期(乙)妹仔酬費(丙)巡查管轄現在及從前之妹仔(丁)大致為施行本則例之政策(二)所有按本則例訂立之規條于憲報頒佈之後須于定例局初次敘會時呈列案上如呈案後通過決議決定該規條須行取銷或如何修正須作為取銷或修正由憲報頒佈通過決議之日起與所辦之事無礙(十三)(甲)此一節頒行之日凡在港內有妹仔歸其任用者須照指定情形於此節頒行後六閱月內將該妹仔注冊(乙)毋論何時凡在港內有妹仔歸其任用保此節頒行期後帶來本港者須照指定情形于到港後兩星期內將該妹仔注冊(丙)華民政務司合例分別判決不准某妹仔注冊或將其除冊(十四)照所准注冊期間及第九段所載無人得用未注冊之妹仔(十五)照所准注冊期間及第九段所載無人得用十歲以下之家庭女役除是注冊之妹仔方可(十六)十歲或十歲以上之妹仔其服役應得工值照指定之數(十七)此一節非候督憲在例局佈告定期並不頒行第四節(十八)遵照第七段第二段開載凡違犯或不遵依本則例所載或按例訂立之規條者訊實有罪可罰欵不過二百五十元(十九)凡按本則例控告之案非得華民政務司允許不得開始進行

一九二三年二月十五日通過香港定例局

跋　編者

香港蓄婢問題，自較彰明之發現以迄今茲，歷一年有半，始告一段落；（禁婢條例現通過于議例局三讀會）即謂從此香港婢制存廢，無復爭辯之餘地可也。予此，吾人不得不慶反對蓄婢公意之成功，一方更足爲人類公理賀。雖然此次反對婢制之運動，多數居民之意也；婢制爲國人歷史上之汚點，僑此土者，乃能仗義執言，肆力運動而漸除之，實足爲人道前途放一異彩！豈特表彰厥德于歐美人士已哉　充斯舉也，苟于吾國政治社會諸制度，皆能作一例觀，則新中國改革前途之希望不遠矣。

吾人須知此次新例之得安然通過，固賴一部份議員之持正不阿；抑非反對婢制者之始終堅持不懈，毅力表現公意，則此條例或尚在保留狀態之中，未可料也。以吾人所知，此新例初經第一讀會，見諸宣佈後，除反對蓄婢會外，其陸續請願議局通過者，有一百五十八工團，（俱蓋章于一請願書內）人數逾十萬，基督教會聯會人數五千餘，男女青年會人數亦在三千以上　雖然，此十數萬人，未必遂謂足完全代表全部居民意見；然而對于一事，能得全體居民數四份之一明白表示其意，亦可謂難能可貴者矣。　是則此次婢制問題之解決，謂爲東方尠見之民意運動之功成，亦無不可

吾人獨惜一般對此新例持反對論者，至此尚未能棄其成見，對于參與請願團體之民意，疑爲虛造，或加以種種之謡諑，殊爲可怪耳！吾以爲此等讕言，誠不能免出諸志在保留婢制者之口；然彼等事前無能下充足理由之辯論，轉於事後發爲無聊之言，抑亦徒見持反對論者之用心已耳

至前月在東華醫院討論本港禁婢條例之街坊聚會，編者早經一度批評於某報，想亦爲讀者見許。不圖事逾浹旬，尚有投函於華商總會，稱是次會議，爲「喧賓奪主」者。「見華商總會一月份之會議紀載」惡是何言！夫東華醫院之街坊聚會，闔港居民之大聚會也：此有常識者類能辨之，其理由甯尚待辯？然則此等之市民大會，凡屬居留本境者，皆可參與；孰當爲賓？又孰爲主？此賓主之說，至不通者也；更何「喧」與「奪」之足云。

昧投函者之意，以爲：大會召集于東華醫院，東華醫院，則爲主人，其他赴會者，盡屬來賓：來賓祇與于旁聽之列，無表决可否之權，不然則是謂「喧賓奪主」，

然耶否耶？抑更別具理由耶？然爲是言者，抑亦不思之甚矣，夫街坊聚會，即市民大會；開會于公共地方可，即開會于租借之地；（如戲院等）私有之地亦無不可，貴其能循名覈實以召集耳，何關于聚會地點，更何主客之可分。投函者之意，得毋又謂此聚會，固由東華醫院召集，故當以東華醫院爲主人乎，殊不知當日開會之始，經有某君起問，今日之會，以醫院爲主體，抑以街坊爲主體，而當事人即答以「街坊爲主體」一言。此言明明載于會議紀錄中，可覆按而知。是則以街坊資格赴會者，固盡屬主人，又曷以賓名加之也？

凡反對者藉口種種之用心，蓋挾其偏私之見，以爲推翻此次市民大會表決贊成蓄婢新例之成案也。抑知十目所視。十手所指，當日與會者千餘人，舉手者占百分之九十九；紀錄具在，衆所共知，又奚能以個人偏私之言，隻手以掩天下人耳目哉，休矣，反對者，贊成禁婢，久已一致表現眞正民意；今幸此等民意運動。幸告成功。正一般主持正誼者。所共額手馨香以禱者也。不佞等忝承衆意，拉雜編成此册，編竟，遂不能已于一言。

中華民國十二年三月十日

屈臣氏大藥房
肥兒疳積花塔餅
分售處
（本港）
上中環大馬路分局
油蔴地上海街均益公司
灣仔大道東合益
總發行所香港干諾道中
門牌二十八號
電話弍三七三
注意注意
花塔餅
健脾開胃
肥兒之功
秘法家傳
近來市上
食壞兒童
倘受其欺
買者慎之
認眞龍麟
消積去滯
名馳當世
各難仿製
摹影亂諦
茫然不計
不勝內弊
大有關係
件塔爲貫
乳白
鰵魚肝油
此油專治虛勞久咳內傷吐血痰飲咳肺癆咳肺炎肺燥咳血破傷諸症喘理肺部諸咳有潤顏養肺之功除痰止咳之力功效如神

社會大問題

諸君你贊成振興國貨否？

諸君你贊成改良中國餅食否？

諸君你贊成食品衛生否？

諸君你贊成兒童康健否？

這個答案是！

安樂園的「糖菓」和「餅乾」因他是完全的國貨比較舶來品還好得多

香港安樂園有限公司謹啓

總行在香港德輔道中　製造廠銅鑼灣

真光公司
價實不二
環球貨品
童叟無欺
電話八一一

先施有限公司

物貴優美 尤尚趨時

本公司新到大帮毡帽草帽欵式趨時色澤不一其貨之優美取價之從廉實爲港中獨樹一幟　諸君光顧仰祈垂青是荷

△睡鄉用品▽

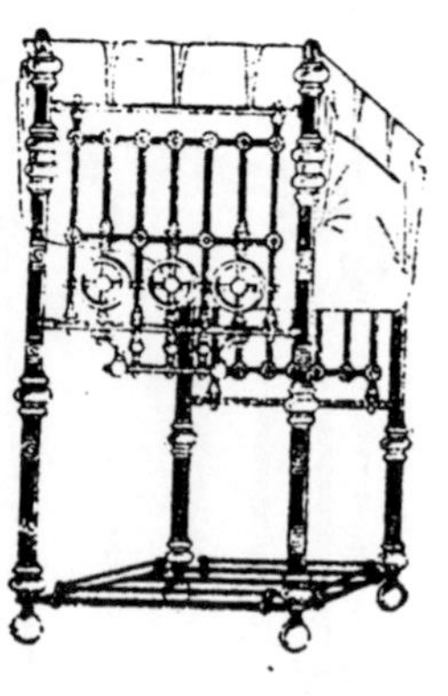

昔人詠床詩云。。人生一半此中居。。乃言人生一世。。半世向床中過生活也。。豈可不求安樂耶。。當此初冬天氣。。將屆嚴寒。。床幃之間。。須求溫煖。。本公司現辦大帮各式毛毡。。棉毡。。駱駝毡。。鵝絨被。。珠被。。軟褥等。。無不畢具。。價亦相宜。。欲享睡鄉中幸福者。。請注意焉。。

香港大新有限公司

總行在香港德輔道中直通康樂道
電話一叁零三

本公司首創總行於香江繼設枝行及分店於廣州專辦環球貨品徵銷國貨價實不二遐邇知名特聘滬粤名師精造金銀首飾巧縫中西禮服凡日用所需無不美備且取價從廉伏祈諸尊惠顧無任歡迎

（分設）（枝行）

廣州市西堤
廣州惠愛中路
上海庄四川路

枝行附設

花園茶室
影畫映相
驗眼配鏡
中西酒菜
亞洲酒店

粵東西堤亞洲大酒店

建築穩固　房舍美麗
招待週到　賓至如歸

房租價目

十二元　十元
七元　五元　四元
三元　二元半　二元

諸君欲身體安適乎
諸君欲登仁壽之域乎
不可不注意

服飾所以彰身。。食品所以養身。。傢具所以安身。。音樂所以娛身。。物類萬端。。皆與人身有密切關係。。果能一一精美。。不獨外觀有耀。。令人欽敬。。且能舒暢精神。。振發智慧。。陶養性情。。開拓心胸。。即衛生延壽之第一要訣也。。是以本公司選辦最奪標。。最新式。。最精美。。最超等之環球貨品。。時時變換。。價格從廉。。寔欲登諸君於仁壽之域。。健康之門。。而諸君爲玉體計。。爲寶眘計。。更不得不速謀安樂壽考。。頤養天年。。彼金錢身外事。。何足惜哉

電話　一九六　一九八

香港永安有限公司披露

1	香港百年史（一九四八）	黎晉偉
2	最新香港指南（一九五零）	湯建勛
3	香港掌故（一九五九） 附 香港歷史（一九五三）	黃燕清
4	香港雜記（一八九四光緒原版）	陳鏸勳
5	香港百年（一八四一－一九四一）	劉國英
6	澳門地理（一九四六）	何大章、繆鴻基
7	香港——東方的馬爾太（一九二九）	李史翼、陳湜
8	港僑須知（一九三三）上	戴東培
9	港僑須知（一九三三）下	戴東培
10	香港金融（一九四零）	姚啟勳
11	香港九龍便覽附粵語舉要（一九四零）	逸廬主人
12	香港政治之史的考察（一九三六）	[日本]植田捷雄 原著 石楚耀 中譯
13	香港華人名人史略（一九三七）（中英合璧）The Prominent Chinese in Hongkong（1937）	吳醒濂
14	僑旅錦囊（一九一八）附〈華英譯音巫語指南〉	盧少卿
15	香港教育制度之史的研究（一九四八）	阮柔
16	香港市政考察記（一九三七）	譚炳訓
17	《香港陷落（一九四一中文）》《軍政下の香港（一九四四日文）》合刊	齊藤幸治、心一堂
18	香港淪陷記（一九四六）	唐海
19	《香港日佔時期課本——初小公民（一九四三中文）》《嚴重的香港（一九三八中文）》《香港事情（一九一七日文）》合刊	香港占領部總督府、殷楊
20	澳門遊覽指南（一九三九）	何翼雲、黎子雲
21	英粵通語Cantonese for everyone——香港大學粵語教材（一九三一）	H. R. Wells
22	香港早期粵語教材——〈初學粵音切要〉（一八五五）	佚名
23	港澳學校概覽（一九三九）	呂家偉、趙世銘
24	香港蓄婢問題（一九二三）	反對蓄婢會

書名：香港蓄婢問題（一九二三）
系列：心一堂　香港・澳門雙城成長系列
原著：反對蓄婢會編
主編・責任編輯：陳劍聰

出版：心一堂有限公司
通訊地址：香港九龍旺角彌敦道六一〇號荷李活商業中心十八樓〇五一〇六室
深港讀者服務中心：中國深圳市羅湖區立新路六號羅湖商業大厦負一層〇〇八室
電話號碼：(852)9027-7110
網址：publish.sunyata.cc
淘宝店地址：https://sunyata.taobao.com
微店地址：　https://weidian.com/s/1212826297
臉書：　　　https://www.facebook.com/sunyatabook
讀者論壇：　http://bbs.sunyata.cc

香港發行：香港聯合書刊物流有限公司
地址：香港新界荃灣德士古道220～248號荃灣工業中心16樓
電話號碼：(852) 2150-2100
傳真號碼：(852) 2407-3062
電郵：info@suplogistics.com.hk
網址：http://www.suplogistics.com.hk

台灣發行：秀威資訊科技股份有限公司
地址：台灣台北市內湖區瑞光路七十六巷六十五號一樓
電話號碼：+886-2-2796-3638
傳真號碼：+886-2-2796-1377
網絡書店：www.bodbooks.com.tw
心一堂台灣秀威書店讀者服務中心：
地址：台灣台北市中山區松江路二〇九號1樓
電話號碼：+886-2-2518-0207
傳真號碼：+886-2-2518-0778
網址：http://www.govbooks.com.tw

中國大陸發行　零售：深圳心一堂文化傳播有限公司
深圳地址：深圳市羅湖區立新路六號羅湖商業大厦負一層008室
電話號碼：(86)0755-82224934

心一堂微店二維碼　心一堂淘寶店二維碼

版次：二零二一年三月初版，平裝

定價：港幣　一百二十八元正
　　　新台幣　五百八十元正

國際書號 ISBN 978-988-8583-75-1